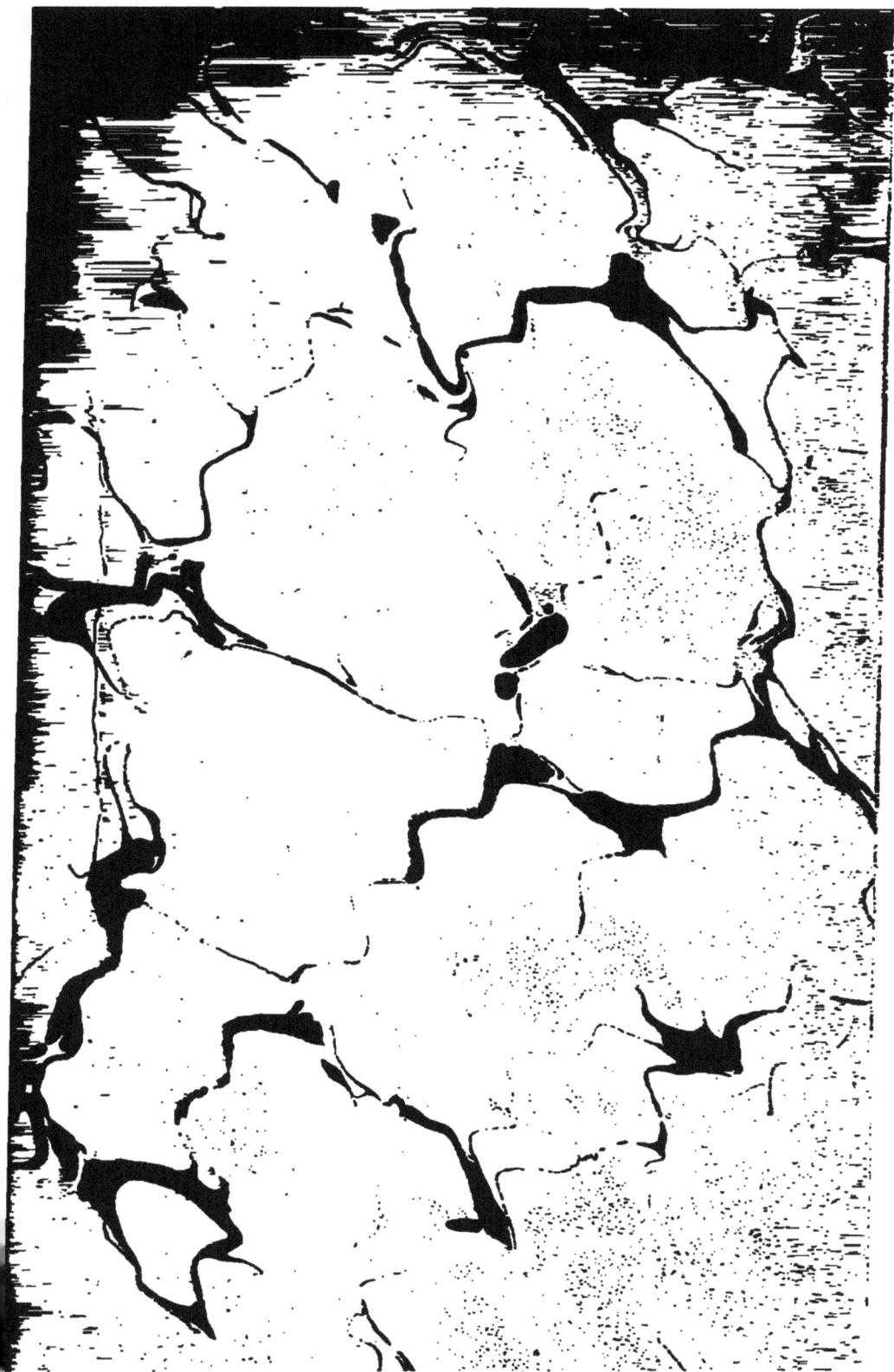

HISTOIRE DE JEAN-BART

1re SÉRIE IN-12

Le célèbre Jean Bart.

1re in-12.

LE
CÉLÈBRE JEAN-BART

CHEF D'ESCADRE

SOUS LOUIS XIV

Écrite par M RICHER, en 1789.

Édition revue et annotée.

LIMOGES

EUGÈNE ARDANT ET Cⁱᵉ, ÉDITEURS.

PRÉCIS HISTORIQUE DE LA MARINE DE FRANCE.

Nous croyons qu'un tableau de la marine de France peut servir d'avant-propos à la vie d'un des plus célèbres marins de cette nation. Nous y présenterons avec plus de rapidité qu'il nou sera possible, les commencements de cet ar dans notre pays, son accroissement et sa per fection.

La France est un des états le plus avantageu sement situé pour la navigation. Baignée au nord et au couchant par l'Océan, au midi par la Méditerranée, elle peut porter son commerce et ses armes par toute la terre. Ses côtes sont garnies d'excellents ports, de havres, de plages commodes, de rades sûres. A cette situation se joignent beaucoup d'autres avantages : ce royaume produit avec abondance toutes les choses les choses nécessaires à la construction, à l'armement, à l'équipement des vaisseaux.

Les Gaulois, que nous pouvons regarder comme nos ancêtres, cultivèrent la marine, établirent des colonies dans différentes régions : les noms de Galatie, en Asie, de Galice, en Espagne, de Galles, en Angleterre, en sont une preuve. Les historiens grecs et latins parlent avec éloge de la navigation des Gaulois, principalement des habitants de Marseille.

Lorsque les Romains eurent conquis cette contrée, l'émulation, l'activité, le courage de ceux qui l'habitaient s'évanouit, les Gaulois soumis, ne furent plus ce qu'avaient été les Gaulois libres. Clovis, à la tête des Français entra dans les Gaules, s'en empara : toujours occupé à faire de nouvelles conquêtes, il ne songea point à la marine. Ses successeurs partagèrent son empire entr'eux, se firent des guerres continuelles ; la marine fut longtemps oubliée dans les Gaules, qui avaient alors pris le nom de France. Les Saxons, les Danois, les Norvégiens, désignés sous le nom de Normands,

ne pouvant tirer leur subsistance des terres
arides qu'ils habitaient, la cherchèrent dans la
pêche, parcoururent d'abord les mers qui les environnaient, s'enhardirent et avancèrent au delà.
Quelques-uns osèrent descendre sur les côtes
qu'ils rencontrèrent, les pillèrent. Le butin avec
lequel ils retournèrent dans leur pays, excita
la cupidité de leurs compatriotes ; ces barbares
formèrent des associations, équipèrent des
vaisseaux, se répandirent de tous côtés, pillèrent les marchands, ravagèrent toutes les côtes
maritimes, bravèrent même la puissance des
Romains. Les guerres civiles qui affaiblissaient
la France sous ses premiers rois, augmentèrent
la hardiesse de ces barbares : ils y faisaient
des ravages continuels. Charlemagne parut ;
ce grand homme, malgré les embarras que lui
causait la guerre contre différentes nations, sut
établir une marine ; mettre les côtes de son empire à l'abri des invasions et des ravages. Il fit
nettoyer tous les anciens ports ; en ouvrir de
nouveaux ; s'attacha, par des bienfaits, les plus
habiles marins de son temps, entretint des vaisseaux gardes-côtes bien équipés et bien armés.
Craignant d'être mal servi par des ministres in
fidèles ou peu éclairés, il parcourait ses états,
visitait ses côtes. Le moine de Saint-Gal, qui a

écrit la vie de Charlemagne, dit que ce prince, étant un jour dans une ville maritime du Languedoc, aperçut, d'une des fenêtres de son palais, plusieurs vaisseaux qui cherchaient à aborder pour mettre du monde à terre. Tous les courtisans les prirent pour des vaisseaux marchands ; Charlemagne n'y fut pas trompé. Il dit que c'étaient des corsaires venus du Nord ; qu'ils avaient plus d'armes que de marchandises. Les chaloupes qu'on envoya à la découverte, vinrent annoncer que c'étaient effectivement des corsaires ; mais les mouvements qu'ils virent faire sur le rivage, leur firent connaître qu'on se tenait sur ses gardes ; que l'empereur était là ; ils n'osèrent descendre, prirent le large. Charlemagne dit en versant des larmes : « S'ils ont la hardiesse de menacer ainsi les côtes de France, de mon vivant, que ne feront-ils pas après ma mort ? » Ses successeurs n'eurent ni son génie, ni ses talents ; tout languit, tout se ruina entre leurs mains, les ouvrages qu'il avait ébauchés restèrent imparfaits; les projets qu'il avait formés s'oublièrent. On vit alors sortir du Nord des essaims de brigands, qui, pour se venger des obstacles que Charlemagne avait mis à leurs incursions, à leurs ravages, attaquèrent la France de tous les côtés. Les uns y entrèrent par la Seine et la Loire ; les autres allèrent chercher le détroit de Gibraltar, remontèrent jusqu'à Valence ; ils jetaient partout l'effroi, la consternation; n'annonçaient leur marche que par le feu, le sang et le carnage. Les rois, tremblants sur leur trône, rendaient des ordonnances pour obligei les peuples à défendre les côtes ; personne n'obéissait. Il fallut enfin traiter avec des ennemis si redoutables, se soumettre aux conditions qu'ils imposèrent et leur céder une partie du royaume pour conserver l'autre. On les laissa s'établir dans la Neustrie, qui de leur nom, s'appela Normandie. Ces barbares devenus Français, se policèrent; mais ils conservèrent leur courage, repoussèrent les autres barbares, mirent les côtes à l'abri du pillage.

Les Capétiens montèrent sur le trône de France, les guerres civiles qu'ils eurent à soutenir, les empêchèrent de songer à la marine : elle languit encore pendant plusieurs siècles.

Vers l'an 1095, sous Philippe Ier, on forma l'étonnant projet de chasser les Mahométans de la Palestine : tout le monde prit les armes ; on acheta des vaisseaux, on prit des matelots génois, vénitiens, castillans; il n'y en avait point alors en France. Les dépenses énormes qu'on était obligé de faire pour avoir de l'étranger ce qui manquait en France, firent songer à la marine. Les démêlés que Philippe-Auguste eut avec Richard-Cœur-de-Lion, roi d'Angleterre, l'engagèrent à établir une marine réglée. Louis VIII la négligea. Louis IX entreprit des expéditions outre-mer, et la ranima. Les successeurs de ce pieux monarque la négligèrent encore.

La rivalité qui s'établit entre les rois de France et d'Angleterre, la haine qu'elle excita entre les deux nations, allumèrent des guerres qui semblaient annoncer la ruine totale d'une des deux monarchies, plutôt celle de France que celle d'Angleterre. Il n'est pas de notre sujet d'entrer dans les détails. Les rois de France et d'Angleterre mettaient sur mer des flottes considérables, composées des vaisseaux achetés chez l'étranger ; on ignorait encore chez eux l'art de la marine. On se battait sur mer ; on faisait des prodiges de valeur ; mais les Français, ou moins habiles, ou moins heureux, avaient souvent du désavantage. Charles V, dit le Sage, ferme au milieu des plus grandes tempêtes, se roidissant contre les difficultés, prouva qu'avec du courage et du génie on peut se mettre au-dessus des revers. Pour arrêter les efforts des Anglais, il résolut d'équiper une flotte formidable; fit alliance avec le roi de Castille, qui lui fournit des vaisseaux ; confia le soin de sa marine à Jean de Vincennes, seigneur de Couci, auquel il donna la dignité d'amiral de France. Elle avait été créée sous saint Louis.

Charles VI, tombé en démence, hors d'état de se conduire lui-même, ne put achever ce qui avait été commencé pour la marine. Le royaume était affaibli par l'incapacité du maître; déchiré par les intrigues et les brigues, les Anglais en avaient conquis une partie : sa ruine semblait certaine. Il ne dut sa conservation qu'à une longue suite d'événements extraordinaires. Une jeune fille, suscitée de Dieu, Jeanne d'Arc, fit changer les choses de face : Charles VII rentra dans sa capitale; mais uniquement occupé à s'affermir sur le trône, il ne put songer à la marine. Elle languit encore sous Charles VII et sous Louis XI, mais elle se ranima sous Charles VIII : ce prince arma sur terre et sur mer. Il voulut revendiquer de prétendus droits sur le royaume de Naples; fit sortir de ses ports une flotte composée de soixante-dix-sept vaisseaux, de dix-huit galères, huit galeasses et de neuf autres bâtiments : elle était commandée

par le duc d'Orléans. Ce prince fit des conquêtes rapides, mais infructueuses; il fut obligé de
revenir en France après avoir dépensé des
sommes immenses, et perdu beaucoup de
monde. Louis XII voulut suivre les projets de
Charles VIII contre l'Italie; mit une flotte considérable sur la Méditerranée; mais elle ne fut
d'aucune utilité, parce qu'il n'y avait sur cette
mer aucun vaisseau ennemi. Henri VIII, roi
d'Angleterre, lui déclara la guerre, fit une
descente en France; Louis XII mit une flotte
sur l'Océan; il se livra plusieurs combats entre
les deux nations. L'histoire fait mention d'un
qui est assez mémorable. Les deux flottes se
rencontrèrent le 10 août 1513 à la hauteur de
Saint-Maché, en basse Bretagne. La flotte anglaise, forte de quatre-vingts vaisseaux, attaqua
celle de France, qui n'était que de vingt. Les
Français suppléèrent au nombre par le courage et l'adresse; ils conservèrent l'avantage du
vent, allèrent à l'abordage, brisèrent, coulè-
rent à fond plus de la moitié des vaisseaux ennemis. Primauguet mérite qu'on s'arrête un
instant à l'examiner. Il était capitaine, breton
de naissance, montait *la Cordelière*; vaisseau
construit par les ordres de la reine de France,
et si grand qu'il pouvait contenir douze cents

soldats outre l'équipage. Il fut attaqué par douze vaisseaux anglais, se défendit avec un courage qui tenait de la fureur, coula à fond plusieurs vaisseaux ennemis et écarta les autres. Un capitaine anglais osa s'en approcher encore, lui jeta quantité de feux d'artifice, mit le feu à son vaisseau. Primauguet pouvait se sauver dans une chaloupe comme faisaient la plupart des officiers et des soldats ; mais cet homme déterminé ne voulut pas survivre à la perte de son bâtiment et ne songea qu'à vendre chèrement sa vie, et à ôter aux Anglais le plaisir de jouir de la défaite des Français. Quoique tout en feu, il alla sur le vaisseau amiral des ennemis ; l'accrocha, y communiqua le feu ; sauta avec lui l'instant d'après. Plus de trois mille hommes périrent dans cette action, par le fer, le feu et les eaux. La paix se conclut peu de temps après.

François Ier forma aussi des projets sur l'Italie, fit des préparatifs formidables pour conquérir le royaume de Naples. On sait quelles furent les suites de cette entreprise. Il mit sur la Méditerranée une flotte composée de plusieurs vaisseaux de guerre, et de quelques galères. Cette flotte commandée par André Doria, battit plusieurs fois celle de Charles-Quint. Henri II en entretint une assez considérable sur la Médi-

passait auprès des États-Généraux, en qualité d'ambassadeur extraordinaire, de prendre de justes éclaircissements sur la marine, et d'amener avec lui quelques officiers qui eussent fait des voyages de long cours. On voit dans le recueil des négociations de ce sage ambassadeur, les mesures qu'il prit pour remplir les intentions de son maître. On voit encore dans les économies royales et politiques de Maximilien de Béthune, duc de Sully, que la marine de France était réduite à un tel degré de faiblesse, que cette monarchie ne pouvait manifester son ressentiment sur les outrages qu'on osait lui faire. Le duc de Sully se rendit à Calais pour passer en Angleterre avec des instructions secrètes; il s'embarqua sur le vaisseau de M. de Vic, vice-amiral, et gouverneur de cette place. Deux flûtes anglaises vinrent au-devant de lui, comme par honneur, et pour le conduire à Londres; mais les officiers anglais voulurent, avant de le recevoir, que M. de Vic baissât son pavillon, *pour rendre*, disaient-ils, *à celui de leur maîtresse, l'honneur qui était dû à la souveraine des mers* Les circonstances obligèrent l'ambassadeur et le vice-amiral de subir cette loi dure et injuste.

Henri IV fut enfin dans une si grande disette de

vaisseaux, que le cardinal de Richelieu dit à Louis XIII, son fils, que le feu roi son père n'en avait pas un seul à sa disposition. Cette disette enhardit le grand duc Ferdinand à s'attribuer la domination de la mer Méditerranée : personne n'osait arrêter ses ravages sur les côtes du Languedoc et de la Provence. Le cardinal d'Ossat dit dans une de ses lettres : « Je suis étonné de voir un si grand royaume que la France, flanqué de deux mers, totalement dépourvu de vaisseaux, pendant que ces petits princes d'Italie, encore que la plupart d'eux n'aient qu'un pouce de mer chacun, ont des galères et des arsenaux pour leur marine. »

Le grand duc Ferdinand rompit une seconde fois avec Henri IV; il se jeta dans le parti des Espagnols ; mais plus par crainte que par inclination. Il répondit au marquis d'Alincourt que Henri IV avait chargé de lui faire des reproches sur sa conduite à son égard. « Toute la faute est du côté du roi votre maître. S'il avait eu seulement quarante galères au port de Marseille, je me serais donné garde d'agir comme j'ai fait. » Henri IV avait conçu le projet de profiter de la paix que son courage et ses victoires avaient procurée à la France, pour établir une marine, et rendre ce royaume aussi redoutable, par mer qu'il l'était par terre ; mais une main parricide coupa le fil de ses jours, arrêta l'exécution de ses vastes projets ; et jeta la France dans la douleur et la consternation.

Le cardinal de Richelieu , parut sous Louis XIII, gagna sa confiance, et n'en fit usage que pour la gloire de la France. *J'ai promis au roi,* dit-il dans son testament politique, *d'employer toute mon industrie et toute l'autorité qu'il m'a pu donner, pour ruiner le parti huguenot, rabaisser l'orgueil des grands , réduire ses sujets en leur devoir, et relever son nom dans les nations étrangères.* Il jeta les fondements d'une marine toute nouvelle ; l'employa contre la Rochelle, l'asile des protestants, le refuge de tous les mécontents. L'avantage de sa situation, la force de ses remparts, les secours qu'elle attendait des Anglais, avaient augmenté son orgueil, au point de le rendre insupportable à un ministre qui avait pour but principal d'appaiser les troubles du royaume, et de ruiner le parti des protestants. Il conduisit lui-même le siége, et, guidé par son génie seul qui suppléait à l'expérience, il sut déconcerter les projets des Anglais, arrêter leurs efforts, et forcer la Rochelle à se rendre.

Ce triomphe lui fit connaître tout ce que la marine a d'avantageux, et combien elle était nécessaire à la France. Il fit rassembler des bois de construction, bâtir des magasins, acheter des vaisseaux. Ce n'était point assez pour ce grand homme de s'occuper à abaisser la maison d'Autriche, il voulait encore que le roi son maître partageât avec les Anglais l'empire de la mer, même qu'il le possédât tout entier.

Il se fit nommer grand-maître, surintendant général du commerce et de la navigation de France; ce qui le mit en état d'exécuter une partie des projets qu'il avait formés. Le premier qui sentit les effets de la puissance que le roi venait de lui mettre en main, fut le duc d'Epernon, si absolu sous la minorité de Louis XIII. Ce duc prétendait, en qualité de seigneur de la terre de Candale, que les dépouilles des vaisseaux que la mer apportait sur la côte de Médoc, lui appartenaient. Le cardinal revendiqua ce droit à l'occasion de deux carraques portugaises, qui revenaient de Goa, et qui échouèrent sur cette côte en 1627. Le duc, qui était gouverneur de Guyenne et de Bordeaux, résista quelque temps : il fallut enfin qu'il cédât : le droit d'amirauté, qu'il prétendait lui appartenir, lui fut ôté et réuni à la couronne. On connut alors quel était le cardinal de Richelieu, qui forçait le plus fier et le plus bouillant de tous les hommes de plier sous son autorité.

Ce grand ministre écoutait, avec bonté, toutes les propositions, tous les projets qui regardaient le commerce, et les examinait avec attention ; excitait les principaux marchands du royaume à voyager dans les pays étrangers, à recueillir tout ce que les arts y avaient de curieux. Il appelait à la cour les plus habiles négociants de France et des pays étrangers; passait des heures entières à converser avec eux.

Les prompts succès qui suivirent les entreprises du cardinal de Richelieu, firent connaître qu'elle était la puissance de la France, et de quoi elle serait capable, lorsqu'elle ferait usage de ses forces; lorsqu'elle ferait sortir de ses ports des flottes nombreuses, commandées par des officiers courageux et expérimentés.

Il était réservé à Louis XIV d'opérer ces merveilles; de faire craindre et respecter les Français dans toutes les parties du monde. Ce grand prince sentit de quelle utilité la marine était pour la France ; en fit un des principaux objets de son attention ; et la marine contribua beaucoup aux succès éclatants qu'il eut pendant le long cours d'un règne glorieux. Des ports furent réparés, des vaisseaux de guerre furent construits de toutes parts ; soixante mille matelots furent enrôlés ; des compagnies de gardes marine furent établies : le monarque visita lui-même ses ports. La France seule résista aux armées navales de l'Espagne, de l'Angleterre, de la Holland, réunies pour l'écraser ; les battit souvent. Louis XIV cherchait la gloire de la nation. Son zèle animait ses sujets : on vit paraître une multitude de grands hommes : ses armées sur terre et sur mer furent toujours bien commandées : la valeur des soldats secondait l'habileté des généraux. Tandis qu'on triomphait des ennemis en Europe, on repoussait leurs efforts dans les autres parties du monde.

Les revers que ce monarque essuya sur la fin de son règne, ne servirent qu'à le faire paraître encore plus grand : il méritera toujours les éloges et l'admiration de la postérité.

Sous le règne de Louis XV, les ennemis éternels de la France profitèrent de quelques

circonstances imprévues et malheureuses; attaquèrent ce royaume, qui restait tranquille sur la
foi donnée et la foi reçue, et, pour comble d'in-
justice, exigèrent des conditions qu'on ne pou-
rait alors leur refuser (1)

(1) Nous aurions à compléter ce sommaire historique
de la marine française jusqu'à notre guerre actuelle du
Mexique et de la Cochinchine, mais le lecteur, un peu
instruit, comprend que ce serait alors la matière d'un
gros volume, aussi le renvoyons-nous à cet ouvrage
spécial qui lui en offre une analyse plus détaillée que ne
pourrait le faire notre courte préface.
(Note des Editeurs.)

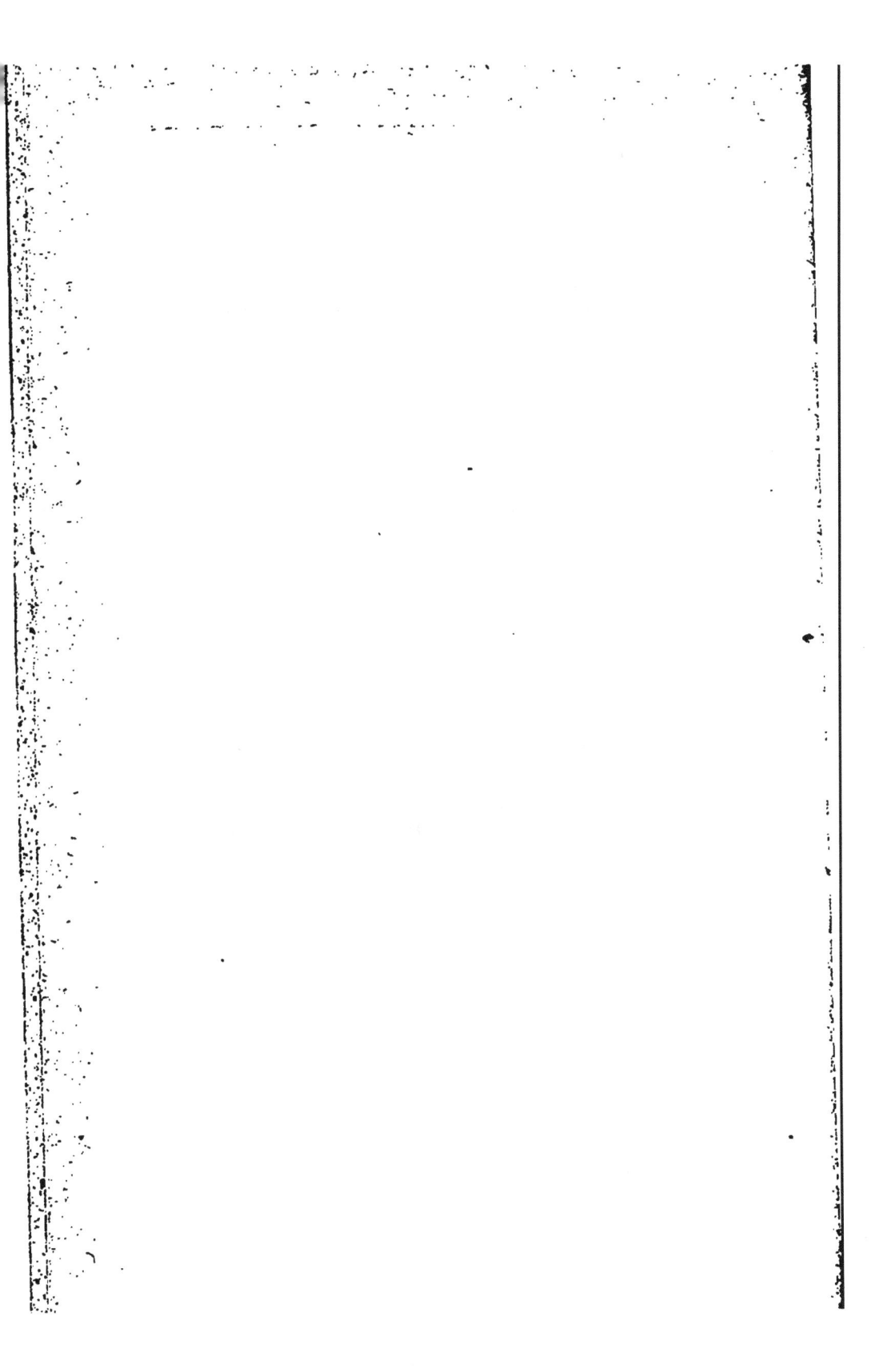

HISTOIRE

DU

CÉLÈBRE JEAN-BART.

~~~~~~~~~~

Cet homme célèbre naquit à Dunkerque, le 2C octobre 1650, d'une famille assez distinguée dans la bourgoisie. Son aïeul, nommé Corneille Bart, commandait des vaisseaux en course : il fut blessé dans une affaire, et mourut peu de jours après. Son père, nommé aussi Corneille Bart, exerça la même profession et eut le même sort. Il laissa deux fils en bas âge, Jean et Gaspard. On les désignait par leur nom de baptême. Jean ait l'aîné. On s'accoutuma à l'appeler Jean-art : et ces deux noms devinrent, par la suite, un nom propre : on ne connait encore aujourd'hui ce grand marin que sous le nom de Jean-Bart.

Quelques écrivains ont assuré que Jean-Bart était né à Hambourg ; qu'il y commit une action qui le mit dans le cas de s'enfuir en Hollande. C'est une calomnie hors de toute vraisemblance : 1° La ville de Dunkerque se glorifie de lui avoir donné la naissance. 2° Le chevalier de Forbin, qui était jaloux de son mérite et de sa réputation, n'aurait pas manqué de faire connaître que sa jeunesse était tachée. 3° Enfin Louis XIV fit donner aux magistrats de Dunkerque une commission pour s'informer juridiquement des biens, facultés, vie, mœurs et religion de Jean-Bart ; d'où il était originaire ; de qui il était issu ; s'il était marié, à qui ; s'il avait des enfants, etc. Par cette enquête, il est prouvé que les Barts étaient originaires de Dieppe, en Normandie. Deux frères de cette famille quittèrent leur patrie : l'un passa à Dunkerque, où il s'établit, et le célèbre Jean-Bart en descendait en directe ligne. L'autre Bart passa en Allemagne, (1) et parvint, par son mérite, à la dignité de grand-maître de l'ordre Teutonique.

(1) On voit encore dans l'église de Marienthal, petite ville d'Allemagne, dans la Franconie, qui est la résidence des grands-maîtres de l'ordre Teutonique, un tombeau sur lequel est cette épitaphe : « Ci gît Harmand Bart, ... maître de l'ordre Teutonique, mort en 1489. »

Jean-Bart avait l'âme élevée : quoique jeune, il ne voulut pas rester dans l'inaction où ses parents paraissaient disposés à le laisser après la mort de son père. Il alla en Hollande ; se mit mousse. Une activité incroyable, secondée par un courage à toute épreuve, une force de corps extraordinaire, le firent admirer de tous ceux qui allaient en mer avec lui. Il servit sous le fameux Ruiter, et devint bientôt un excellent homme de mer.

Les Hollandais, enivrés de leurs succès passagers, osèrent insulter leurs voisins, firent frapper plusieurs médailles injurieuses aux têtes couronnées. L'une représentait la Hollande appuyée sur des trophées, avec une inscription qui annonçait qu'elle avait rétabli plusieurs rois sur le trône, nettoyé les mers, assuré le repos de l'Europe par la force de ses armes. Ces républicains avaient fait représenter Charles II, roi d'Angleterre, comme un prince fainéant et lâche ; ils se vantaient d'avoir arrêté le roi de France dans ses conquêtes.

Les Hollandais marquaient enfin la plus grande ingratitude à la France, qui les avait toujours protégés, leur avait même fourni les moyens de secouer le joug de l'Espagne. Ils faisaient tous

2

leurs efforts pour armer l'Europe contre cette puissance.

Louis XIV, trop noble pour ne pas réprimer leur insolence, fit publier le 16 avril 1671, un manifeste, par lequel il leur déclarait la guerre. et en expliquait les raisons. Le roi d'Angleterre. que les Hollandais avaient insulté, joignit ses forces à celles du roi de France. On fit des pré paratifs de part et d'autre.

Les Hollandais, voyant qu'ils allaient avoir à combattre les deux plus formidables puissances de l'Europe, cherchèrent à rassembler tous ceux qui avaient marqué du talent pour la marine. Ils offrirent de l'emploi à Jean-Bart. Il n'avait alors que vingt-un ans et quelques mois ; il ne s'était jamais trouvé à portée de recevoir de ces préceptes nécessaires au commun des hommes, pour les guider dans leur conduite ; n'avait étu- dié que la marine, ne savait que la marine. Le génie et le jugement lui indiquèrent ce qu'il devait faire dans cette conjecture (1). Il refusa les offres qu'on lui faisait, ne voulut pas se couvrir de la honte attachée à tous ceux qui portent les armes contre leur roi et leur patrie, quitta la Hollande, retourna à Dunkerque. Les hommes de cœur qui de gloire se ralliérent à eux-

(1) Hist. de Dunkerque, seconde partie.

mêmes. Il se mit sur un vaisseau qui allait en course et montra tant de valeur qu'il se fit remarquer. Ce vaisseau ne sortait jamais de Dunkerque, qu'il ne fît des prises considérables. Les officiers et les matelots convenaient que c'était à Jean-Bart qu'ils étaient en partie redevables de leur succès; qu'il les excitait tous par son exemple.

Son nom n'était encore connu que dans le port de Dunkerque. Sa réputation ne s'étendait pas au-delà : bientôt elle fit un bruit qui se répandit jusqu'à la cour. En 1675, voyant que ses prises lui avaient procuré une somme assez considérable, il résolut d'employer ses talents pour lui-même; équipa à ses frais, une galiotte; la monta de deux pièces de canon, de trente-six hommes, alla en course, rencontra devant le Texel une frégate de dix-huit canons, de soixante-cinq hommes. Il eut la hardiesse de l'attaquer; monta à l'abordage, s'en rendit maître, l'amena à Dunkerque; il fit d'autres prises qui le mirent en état de s'associer avec plusieurs armateurs de ce port. Ils armèrent une frégate de dix pièces de canon. Jean-Bart la monta. A peine était-il sorti du port, qu'il en rencontra une Hollandaise de douze pièces de canon, nommée *l'Espérance*, l'attaqua, la prit après un combat de quelques heures ; il alla ensuite croiser dans la mer Baltique, tomba sur une flotte marchande, composée d'un nombre considérable de vaisseaux, escortée par deux frégates, l'une de douze pièces de canon, l'autre de dix-huit. Il aborda celle-ci ; la prit, mit l'autre en fuite ; détruisit une partie de la flotte et s'empara du reste.

Ces exploits encouragèrent les armateurs qui s'étaient associés avec lui ; ils firent construire cinq frégates, en donnèrent le commandement à Jean-Bart.

Il en monta une qui se nommait la *Palme*, et qui était de dix-huit canons ; fit mettre à la voile le 23 mars 1676, rencontra un vaisseau Hollandais de dix pièces de canon, s'en empara : cette prise fut estimée cinquante mille écus. Quelques jours après, il rencontra huit vaisseaux marchands qui venaient de Londres, étaient chargés de diverses marchandises, escortés par trois vaisseaux de guerre, l'un de Zélande, monté de dix-huit canons, les deux autres d'Ostende, montés de vingt-quatre et de vingt-huit. Aussitôt qu'il les aperçut, il donna ordre à une de ses frégates d'attaquer les vaisseaux marchands ; s'élança sur les trois qui les escortaient. Il monta d'abord à l'abordage du vaisseau Zélan-

dais, abattit le capitaine à ses pieds, força l'é-
quipage effrayé de se rendre. Il se hâta d'avancer contre le vaisseau Ostendais de vingt-huit
pièces de canon ; mais celui-ci prit la fuite;
l'autre, qui était de vingt-quatre, suivit son
exemple. Jean-Bart conduisit les huit vaisseaux
marchands à Dunkerque, avec le vaisseau zé-
landais qu'il avait pris à l'abordage. Il y avait
aissé le corps du capitaine qui était tombé sous
ses coups. Le lieutenant le fit embaumer ; le
reporta en Hollande. Cette victoire fit beaucoup
d'honneur à Jean-Bart : les trois capitaines ennemis étaient regardés comme de très braves
officiers,

Jean-Bart arrivait toujours dans sa patrie
avec des prises considérables, après s'être rendu
maître des vaisseaux d'escorte, ou les avoir mis
en fuite. Au mois de mai 1677, il rencontra seize
vaisseaux marchands, richement chargés, qui
allaient de Hollande en Angleterre : ces vaisseaux
étaient escortés par une frégate de vingt-quatre pièces de canon. Il attaqua cette frégate avec
son intrépidité ordinaire ; celui qui la commandait était courageux ; il opposa une résistance
opiniâtre. Cette résistance excitait le courage de
Jean-Bart : il animait ses matelots par son exemple ; enfin, après un combat de trois heures, il

se rendit maître de la frégate hollandaise, prit les vaisseaux marchands, et alla à Dunkerque montrer les preuves de son triomphe. Trop vif et trop bouillant pour rester dans l'inaction, il se hâta de faire radouber sa frégate, se remit en course au mois de septembre de la même année, rencontra un vaisseau nommé *le Neptune*, de trente-six canons, avec un équipage assez considérable : il escortait plusieurs vaisseaux marchands. L'intrépide Jean-Bart ne balança pas à l'attaquer ; alla à l'abordage, renversa sous ses coups tous ceux qu'il rencontra, jeta l'épouvante dans le vaisseau ennemi, s'en rendit maître, enleva les vaisseaux marchands. Son arrivée triomphante excita encore l'admiration des Dunkerquois. Louis XIV, informé des belles actions de ce redoutable marin, lui envoya une médaille et une chaîne d'or.

Le vaisseau, la *Palme*, qu'il avait coutume de monter, avec lequel il s'était tant de fois précipité au milieu des hasards, se trouvant hors d'état de servir, par la multitude des coups de canon qu'il avait reçus, il en prit un autre, nommé le *Dauphin*, de quatorze pièces de canon. Au mois de mars 1678, il rencontra un vaisseau Hollandais, nommé le *Schedain*, de trente-deux pièces de canon, qui servait de garde-côte devant le Texel. Ce vaisseau, se fiant sur ses forces, se hâta de l'attaquer ; lui lâcha sa bordée ; crut qu'il allait enlever le *Dauphin :* il se repaissait déjà de la gloire d'avoir pris le redoutable Jean-Bart.

La supériorité du nombre des canons, des hommes, ne jette point la crainte dans l'âme d'un guerrier qui est incapable d'en sentir. Jean-Bart ordonne qu'on monte à l'abordage ; commande et combat. Il reçoit plusieurs blessures, renverse ceux qui lui résistent ; s'élance sur le commandant du vaisseau ennemi, l'abat, s'empare de son bâtiment.

L'Angleterre s'était, depuis plusieurs années, détachée de la France, pour s'unir contre elle à la Hollande et à l'Espagne : par cette réunion, la mer fut couverte d'un plus grand nombre de vaisseaux ennemis, et Jean-Bart trouva plus souvent occasion de combattre, de remporter des victoires, et de faire des prises. Il coula bas, fit échouer, brûla, enleva un nombre incroyable de vaisseaux ; les registres de la marine sont remplis des noms de ces bâtiments capturés.

La paix étant signée avec toutes les puissances belligérantes, vers la fin de 1678, le roi, qui avait souvent entendu vanter le grand courage et la grande capacité de Jean-Bart, voulut l'avoir à son service, lui donna le commandement d'une frégate de quatorze canons, avec ordre d'aller croiser contre les Saletins. Il prit un corsaire de cette nation, monté de seize canons et de quarante hommes d'équipage; l'amena à Toulon. Vauban avait souvent entendu parler de Jean-Bart : il conçut une haute idée de ce marin, vanta son mérite à Louis XIV, qui le fit lieutenant de vaisseau.

L'Espagne ayant refusé de céder à la France les équivalents pour les places qu'elle lui avait rendues à la paix, Louis XIV résolut de se faire justice par lui-même; il fit entrer des troupes sur les terres d'Espagne, et il prit plusieurs places. L'Espagne, malgré la faiblesse où elle se trouvait alors, déclara la guerre à la France, en 1683. Elle espérait que toutes les autres puissances de l'Europe se réuniraient à elle, pour arrêter les projets ambitieux qu'on attribuait à Louis XIV. Elle se trompa : la Hollande refusa de se prêter aux sollicitations du prince d'Orange, Charles II, roi d'Angleterre, ne voulait point rompre avec la France; l'empereur était occupé contre les Turcs. Louis XIV tourna toutes ses forces de terre et de mer contre les Espagnols. Jean-Bart eut le commandement d'une frégate, avec ordre de croiser dans la Méditerranée. Il rencontra un vaisseau de guerre espagnol, dans lequel il y avait trois tent cinquante soldats espagnols ; l'attaqua, le prit, le conduisit à Brest. Peu de temps après, il s'embarqua avec d'Amblimont, sur le vaisseau le *Modéré*, faisant partie de la flotte qui devait aller attaquer celle des Espagnols aux environs de Cadix. Les deux armées navales se rencontrèrent, se livrèrent un combat furieux. Jean-Bart y fit des prodiges de valeur ; prit deux vaisseaux de guerre espagnols, quoiqu'il eût été blessé à la cuisse.

En 1688, il monta une frégate, nommée la *Serpente*, de vingt-quatre pièces de canon ; voulant accoutumer son fils aîné à braver les dangers, il le fit embarquer avec lui, quoiqu'il n'eût que dix ans. Il partit de Dunkerque avec le comte de Forbin, qui en montait une de seize canons. Ils avaient reçu ordre d'escorter plusieurs vaisseaux marchands, chargés pour le compte du roi, et qui allaient à Brest. Pendant le trajet, ils rencontrèrent un corsaire hollandais de quatorze pièces de canon ; le joignirent ; montèrent à l'abordage. Le corsaire se battit en désespéré et ne se rendit qu'après avoir perdu la plus grande partie de son équipage. Jean-

Bart et le comte de Forbin le conduisirent à Brest avec les vaisseaux qu'ils escortaient.

Jean-Bart, à la première volée que le corsaire lâcha sur son vaisseau, jeta les yeux sur son fils : croyant appercevoir en lui une espèce de frayeur, il le fit attacher au grand mât, et l'y laissa pendant tout le combat. Cette action paraît barbare au premier coup-d'œil ; mais un homme tel que Jean-Bart aimait mieux voir périr son fils dans une action, que de le voir vivre en lâche (1). Sa leçon ne fut pas inutile : son fils parvint à l'éminente dignité de vice-amiral, comme on le verra par la suite.

Forbin et Jean-Bart reçurent ordre d'aller au Hâvre, pour escorter vingt vaisseaux marchands qui étaient prêts à partir au milieu de la Manche, par le travers des Casquettes. Ils rencontrèrent deux vaisseaux de guerre anglais, de cinquante pièces de canon chacun. Le prince d'Orange, qui était monté depuis peu sur le trône d'Angleterre, avait engagé cette puissance à se déclarer contre Louis XIV.

A force de voiles, les deux vaisseaux anglais

(1) On ne peut louer cet acte, mais on peut le justifier par l'état d'exaltation où se trouvait alors le héros, et par l'exemple qu'il voulait donner à ses soldats tremblants et prêts à prendre la fuite. (*Note des Editeurs.*)

arrivèrent sur la flotte française. Le comte de Forbin conseilla à Jean-Bart de prendre le large. Jean-Bart lui dit qu'il ne se couvrirait jamais de la honte d'avoir fui devant l'ennemi. Il commandait la flotte, il fallut obéir. Jean-Bart et Forbin armèrent trois des plus forts vaisseaux marchands ; prirent des matelots dans les autres, leur donnèrent ordre d'attaquer un des deux vaisseaux ennemis, afin de l'occuper pendant qu'ils combattraient contre l'autre. Jean-Bart dit au comte de le seconder, alla à pleines voiles sur un des vaisseaux anglais ; mais le vent devint calme à l'instant, lui fit faire un faux abordage : son beaupré s'embarrassa dans les haubans du vaisseau ennemi. Le comte de Forbin vint promptement à son secours : Jean-Bart se dégagea ; ils attaquèrent l'ennemi avec tant de fureur, qu'ils le forcèrent d'abandonner son pont et le gaillard ; ils se voyaient au moment de s'en rendre maîtres ; mais le second vaisseau anglais vint à son secours. Les trois vaisseaux marchands, au lieu de lui livrer combat, comme on en était convenu, s'enfuirent. Ce vaisseau attaqua les deux frégates françaises, à la petite portée du fusil, ce qui fit changer l'ordre du combat, qui devint alors terrible. Jean-Bart et le comte de Forbin se battirent comme deux lions en fureur, pour donner aux vaisseaux marchands le temps d'échapper. Enfin, la plus grande partie de l'équipage des frégates françaises périt; les deux capitaines furent blessés; leurs vaisseaux rasés de l'avant à l'arrière : ils se rendirent, ne pouvant plus se défendre. La victoire coûta cher aux Anglais : ils perdirent une quantité prodigieuse de matelots et d'officiers, du nombre desquels fut le capitaine.

Le contre-maître prit le commandement des deux vaisseaux; conduisit Jean-Bart et le comte de Forbin à Plimouth, avec leurs frégates; traita les prisonniers fort durement. Il était fâché de voir que leur courage et leur opiniâtreté lui avaient coûté très cher, et facilité aux bâtiments marchands le moyen de s'enfuir à La Rochelle. On dépouilla le comte de Forbin, et on laissa Jean-Bart avec ses habits, parce qu'il parlait anglais. Le gouverneur de Phimouth donna d'abord des marques de considération à ces deux officiers, les fit manger avec lui, les traita même magnifiquement : mais il ne fit pas rendre les habits au comte de Forbin. Le repas étant achevé, il les fit conduire dans une petite auberge, où on les enferma dans une chambre dont les fenêtres étaient grillées : on mit

en outre des gardes à la porte. On crut
qu'on de pouvait assez prendre de précautions
pour retenir en prison un homme aussi entre-
prenant que Jean-Bart.

Une pareille situation ne pouvait manquer
d'impatienter deux officiers tels que Jean-Bart
et Forbin : ils s'occupaient sans cesse à chercher les moyens de sortir de captivité. Le
hasard leur en procura un. Il s'éleva une tempête terrible sur les parages d'Angleterre : un
matelot ostendais, parent de Jean-Bart, conduisait un petit bâtiment de sa nation : il fut
tellement battu par cette tempête, qu'il se trouva obligé de relâcher à Plimouth pour se
refaire. Il apprit que Jean-Bart y était détenu
prisonnier ; demanda et obtint la permission de
l'aller voir. Forbin et Jean-Bart lui communi-
quèrent le projet qu'ils avaient formé de s'évader ; lui offrirent douze cents livres, s'il voulait leur prêter du secours : cette somme le
tenta ; il leur apporta une lime pour limer une
des grilles de leur fenêtre. Ils mirent dans leur
complot un chirurgien qui pansait leurs blessures : il était Français, pris sur un vaisseau de
cette nation, il désirait beaucoup s'en retourner
en France. Deux mousses chargés d'avoir soin
d'eux, furent gagnés par leur promesses ; les

Jean-Bart.   3

servirent avec zèle. Au bout de onze jours, les mousses dirent aux prisonniers qu'ils pouvaient partir; qu'ayant trouvé un batelier ivre, étendu dans son canot, ils l'avaient transporté dans un autre, et conduit le sien dans un endroit écarté du port; qu'ils pourraient s'y embarquer pendant la nuit, sans être aperçus. Ils prièrent le chirurgien de dire au matelot ostendais de porter du pain, de la bière, du fromage, une boussole, un compas et une carte marine dans le canot que les mousses avaient mis à l'écart et de tenir tout prêt pour minuit.

Les deux prisonniers se hâtèrent de limer la grille d'une de leurs fenêtres, et sitôt que le matelot ostendais eut jeté une pierre par cette fenêtre, comme ils en étaient convenus, ils attachèrent leurs draps aux débris de la grille; descendirent, trouvèrent le matelot qui les attendait; se rendirent promptement au canot, avec le chirurgien et les deux mousses. Le comte de Forbin, qui n'était pas encore guéri de ses blessures, se chargea du gouvernail. Jean-Bart prit le grand aviron; un des mousses prit le petit. En traversant la rade, ils rencontrèrent plusieurs vaisseaux anglais qui croisaient. On cria : *Où va le canot?* Jean-Bart, qui, comme nous l'avons dit, savait l'anglais répondit : *Pêcheur.*

Un brouillard fort épais, qui s'était élevé pendant la nuit, favorisa leur fuite. Ils mirent deux jours et demi à traverser la Manche. Jean-Bart était jeune et vigoureux; il rama pendant tout ce temps avec un courage qui étonna le comte de Forbin; il ne discontinuait que pour manger; ce qu'il faisait même avec beaucoup de précipitation. Ils arrivèrent enfin sur les côtes de Bretagne après avoir fait soixante-quatre lieues; abordèrent près d'un village nommé Harqui, à six lieues de Saint-Malo. Ils y trouvèrent une brigade de six hommes, chargés d'arrêter les religionnaires qui passaient en Angleterre. Un de ces soldats reconnut le comte de Forbin; alla à lui, le salua; lui dit que le bruit s'était répandu qu'ils étaient morts, Jean-Bart et lui. Ils allèrent à Saint-Malo; trouvèrent plusieurs marchands qui leur offrirent de l'argent.

Le comte de Forbin se rendit à la cour : Jean-Bart, qui n'y avait aucun appui, ne voulut pas y aller, il craignait qu'on ne leur reprochât de s'être mal défendus; mais la renommée les y avait devancés. Ceux qui formaient l'équipage des vaisseaux marchands, avaient fait connaître la valeur de Forbin et de Jean-Bart; assurés que c'était à elle seule qu'ils étaient redevables de leur conversation ; que ces deux braves officiers s'étaient sacrifiés pour les sauver. Le comte de Forbin , instruit des sentiments du roi à leur égard, alla chez M. de Seignelai , ministre de la marine. Ce seigneur le reçut avec beaucoup d'accueil, le présenta au roi, qui lui témoigna une haute estime, lui demanda les détails de son aventure et lui donna quatre cents écus de gratification. Le comte de Forbin assure qu'il dit au roi que Jean-Bart avait partagé les dangers avec lui ; que sa valeur était digne des attentions et des bontés de sa majesté.

Le monarque sut bon gré au comte de Forbin de rendre justice à Jean-Bart ; il dit à M. de Louvois, qui était alors auprès de lui : *Le comte de Forbin fait une action qui n'a guère d'exemple à ma cour.* Il le fit capitaine de vaisseau ; donna le même grade à Jean-Bart ; lui envoya la même gratification. Cette action mériterait effectivement de grands éloges, si on pouvait en croire le comte de Forbin ; mais il est suspect lorsqu'il parle de lui, comme on le verra dans la suite.

En 1690, le roi fit faire un armement considérable à Brest ; en donna le commandement au comte de Tourville, qu'il fit lieutenant-général des armées navales. Jean-Bart, qui était alors à Dunkerque, eut ordre de monter *l'Alcion*, de quarante canons, et de deux cent vingts hommes d'équipage ; d'aller joindre la flotte de Brest. Composée de soixante-dix-huit vaisseaux de guerre, de vingt-un brûlots, elle mit à la voile le 23 juin 1690 ; entra dans la Manche le 29, rangea les côtes d'Angleterre. Le 4 juillet, le comte de Tourville chercha quelqu'un qui fût assez hardi, et en même temps assez adroit pour aller reconnaître l'ennemi. Jean-Bart se présenta ; se mit dans une petite chaloupe avec des filets, avança pendant la nuit vers les ennemis. On cria : *Qui vive !* il répondit en anglais : *Pêcheur*. On le laissa tranquille : il examina avec attention la position des ennemis, revint en rendre comte à M. de Tourville. Leur armée n'était composée que de cinquante-sept vaisseaux de guerre, de trente petits bâtiments, tant frégates que brûlots. Elle était au vent, rangée sur une même ligne ; les vaisseaux n'étant éloignés que d'un demi-câble les uns des autres. Les Hollandais avaient l'avant-garde ; l'amiral rouge d'Angleterre faisait le corps de bataille ; l'amiral bleu de la même nation, faisait l'arrière-garde. Tous leurs vaisseaux étaient plus forts que ceux de France : il y en avait plus de douze de cent pièces de canon ; les autres étaient à proportion. Au vent de cette ligne étaient leurs brûlots et les autres bâtiments. Sur ce renseignement, M. le comte de Tourville se prépara au combat ; rangea son armée en ordre de bataille ; alla aux ennemis ; les attaqua sur les neuf heures du matin. Pendant ce combat, qui dura une partie de la journée, les Hollandais montrèrent beaucoup plus de courage que les Anglais. Six de leurs gros vaisseaux furent démâtés et criblés ; ils en firent échouer plusieurs autres que les Français brûlèrent : leur perte monta enfin à quinze vaisseaux : les deux tiers de leurs équipages furent tués ou mis hors de combat. Du côté des Français, il n'y eut que quatre cents hommes de tués et environ cinq cents de blessés.

Après le combat, les deux flottes alliées se retirèrent dans la Tamise pour se radouber. Les états de Hollande, instruits de la défaite de leur marine, armèrent promptement quatorze gros vaisseaux ; les firent passer dans la Tamise pour y joindre les autres. L'armée française regagna les côtes de France : on débarqua les blessés et les malades à Honfleur et au Hâvre.

Pendant que M. de Tourville faisait réparer ses vaisseaux, Jean-Bart fit promptement ra-

douber le sien qui n'avait été que fort légère-
ment endommagé, quoiqu'il se fût battu longtemps avec une intrépidité qui effrayait les ennemis, excitait le courage de ceux qui étaient
avec lui. Il alla croiser sur les côtes de Hollande :
détruisit la pêche des Hollandais ; coula bas
presque tous leurs vaisseaux pêcheurs ; prit à
l'abordage une frégate de trente-huit canons
qui leur servait d'escorte. Les états de Hollande
se plaignaient beaucoup : mais leurs plaintes
faisaient l'éloge de Jean-Bart.

Ce ne fut pas assez pour lui d'avoir fait sentir
les effets de son activité à une partie des ennemis de sa nation, il voulut encore montrer son
courage à un autre. En revenant à Dunkerque,
il rencontra deux vaisseaux anglais qui trans-
portaient en Angleterre quatre cents soldats danois ; les attaqua sur-le-champ ; les enleva presqu'aussitôt : les emmena avec lui. Il alla ensuite
à Brest joindre la flotte : on le détacha avec
quatre autres vaisseaux de guerre, deux brûlots
commandés par le marquis d'Amfreville, pour
aller en Irlande appuyer ceux qui tenaient le
parti du roi Jacques. Pendant ce temps le comte
de Tourville fit une descente en Angleterre, du
côté de Torbay ; brûla douze vaisseaux ennemis qui étaient dans la baie de Tingmouth ; re-

tourna à Brest vers le milieu du mois d'août 1690.

Le roi avait fait charger à Hambourg deux vaisseaux de poudre, de cuivre, de plomb, d'armes, etc. Ils étaient restés à l'Elbe, où on les radoubait. On eut peur que les Hollandais n'en fussent informés et ne s'en emparassent : on chercha quelqu'un qui fût capable de les escorter et de les défendre : on jeta les yeux sur Jean-Bart ; on le chargea de cette expédition. Il partit sur-le-champ ; se rendit à Hambourg ; il apprit que les deux vaisseaux n'étaient pas encore prêts.

Ne voulant pas rester dans l'inaction, il alla croiser sur ces côtes ; rançonna pour quarante-cinq mille écus de bâtiments qui revenaient de la pêche de la baleine ; retourna à l'Elbe pour rejoindre les deux navires chargés de munitions de guerre ; brava plusieurs vaisseaux que les ennemis avaient envoyés sur son passage pour l'arrêter ; arriva avec les siens à Dunkerque.

Louis XIV, instruit que les ennemis faisaient tous leurs efforts pour réparer la perte qu'ils avaient essuyée dans la Manche l'année précédente, envoya ordre à M. le comte de Tourville de faire tous les préparatifs qu'il croirait né-

cessaires pour leur résister. Le comte se rendi'
à Brest, fit la revue de la flotte, de ses équipages, se tint prêt à partir. Jean-Bart fut chargé
de commander le vaisseau l'*Entendu*, dans l'escadre bleue : il était de soixante-six pièces de
canon, et de quatre cents hommes d'équipage :
mais il ne se passa rien de remarquable cette
année entre la flotte des ennemis et celle de
France.

Jean-Bart se retira à Dunkerque pour atten-
dre les ordres du roi. Les Anglais bloquèrent
ce port de manière qu'ils empêchaient tous les
gros vaisseaux d'y entrer et d'en sortir. Jean-
Bart, impatient de se voir ainsi enfermé, résolut
de tout tenter pour sortir de cette insupportable oisiveté. Il fit proposer à M. de Pontchartrain, alors ministre de la marine, et successeur
de M. de Seignelai, mort depuis peu, d'armer
une escadre de petits vaisseaux. Il assura ce ministre qu'il passerait avec cette escadre par les
intervalles des vaisseaux ennemis ; qu'il gagne-
rait la pleine-mer ; irait interrompre le commerce que les Anglais et les Hollandais faisaient
avec trop de tranquillité dans le Nord. M. de
Pontchartrain goûta d'abord son projet ; lui
manda de faire l'armement qu'il proposait ;
lui fit tenir l'argent qui pouvait lui être néces-

saire. La cour a toujours été remplie d'envieux :
il s'y en trouva alors qui virent avec dépit qu'un
homme d'une naissance obscure fixait l'attention du ministre ; était chargé d'une expédition
de la plus grande importance. Ils dirent que le
projet de Jean-Bart était impraticable ; qu'il
engageait le roi à faire des dépenses inutiles.
Le ministre les crut trop facilement ; écrivit
d'une manière un peu dure à Jean-Bart ; lui ordonna de discontinuer l'armement.

Un homme d'un caractère moins ferme serait
resté accablé sous le coup que l'envie lui portait ; mais Jean-Bart fit une réponse concertée
avec le comte de Forbin ; manda au ministre que
son projet était si bien combiné, qu'il ne dou-
tait pas de la réussite, il lui présenta les moyens
qu'il emploierait pour y parvenir ; se chargea de
tous les événements ; assura que les intérêts du
roi demandaient qu'on le laissât achever. M. de
Pontchartrain céda à ses raisons ; lui répondit
d'une manière obligeante ; l'engagea à conti-
nuer.

L'armement étant achevé, Forbin et lui mirent
à la voile pendant la nuit. Jean-Bart, qui était à
la tête de l'escadre, dit aux autres capitaines de
le suivre et de l'imiter. Il passa par un des intervalles. qui étaient entre les vaisseaux enne-

mis, lâcha ses deux bordées de canon : les autres l'imitèrent. Jean-Bart était en pleine-mer, et les ennemis dans leur surprise, n'avaient pas encore songé à l'attaquer. Au point du jour il se trouva hors de leur vue.

Vers le soir il aperçut six vaisseaux qui faisaient la même route que lui. Il crut d'abord qu'ils avaient été détachés de ceux qui faisaient le blocus de Dunkerque ; les envoya reconnaître, apprit que c'étaient quatre vaisseaux marchands anglais richement chargés pour la Russie, escortés par deux vaisseaux de guerre, dont l'un était de cinquante canons, l'autre de quarante. Il les serra de près pendant la nuit ; attaqua dès la pointe du jour le plus fort, le prit, sans essuyer beaucoup de résistance ; s'empara de l'autre et des quatre vaisseaux marchands.

Jean-Bart avait reçu ordre de la cour de brûler tous les vaisseaux ennemis qu'il prendrait : mais Patoulet, intendant de Dunkerque, était occupé de ses intérêts particuliers, il modifia ces ordres ; lui fit entendre que l'intention de la cour était d'en excepter les prises d'une certaine valeur ; lui donna même un commissaire, avec ordre de lui remettre les prises qui seraient de quelque importance. Comme les quatre vaisseaux valaient aux moins quatre millions, le commissaire de l'intendant s'en empara, les fit amariner et conduire par une frégate à Bergue en Norwége.

Deux jours après, l'escadre de Jean-Bart rencontra encore la flotte hollandaise de pêche aux harengs, qui était de cent voiles, et escortée par deux vaisseaux de quarante canons chacun : les Hollandais la croyaient en sûreté. imaginant que les Anglais, qui bloquaient le port de Dunkerque, empêcheraient le redoutable Jean-Bart d'en sortir. Il enleva les vaisseaux de guerre, brûla tous les autres; prit les équipages sur ses vaisseaux; relâche les prisonniers sur les côtes d'Angleterre.

Peu de temps après il rencontra une frégate hollandaise de trente-six canons; la prit à l'abordage et la brûla. Pendant le cours de cette campagne, il fit des prises de toute espèce, et en très grande quantité. Il alla ensuite croiser sur les côtes d'Ecosse; mit pied à terre; fit retrancher deux cent quatre-vingts hommes de ses équipages dans un endroit où ils pouvaient couvrir ses chaloupes, ses canots, et favoriser la retraite. Il pilla et brûla plusieurs villages. L'alarme se répandit dans les environs; on forma un petit corps de cavalerie et d'infanterie qui pouvait monter à trois cents hommes. Les Français, qui étaient retranchés, firent un feu violent sur eux, les mirent en fuite. Jean-Bart brûla plusieurs pêcheries, avant de quitter l'Ecosse.

Il mit ensuite à la voile ; alla débarquer à Bergue, en Norwége, où on avait envoyé, comme nous l'avons dit plus haut, les quatre vaisseaux marchands et ceux qui les escortaient. La manière dont le comte de Forbin parle de Jean-Bart dans ses mémoires, annonce qu'il était alors jaloux de voir qu'un homme, d'une naissance beaucoup inférieure à la sienne, avait un mérite beaucoup supérieur au sien. Il dit qu'ayant été séparé de l'escadre, il arriva à Bergue quelque temps après Jean-Bart ; qu'il le trouva occupé à boire dans un cabaret d'où il ne sortait point, ne s'occupant nullement de ses affaires ; que le gouverneur le prenait pour un simple corsaire et en faisait si peu de cas, qu'il lui avait enlevé les prises qu'ils avaient faites, Forbin et lui, au commencement de la campagne, sans que Jean-Bart y apportât la moindre opposition.

Il ajoute qu'il représenta à Jean-Bart combien il avait tort de souffrir un traitement aussi injurieux ; alla chez le gouverneur qui entendait un peu le français et lui demanda, d'un ton assez vif pourquoi il s'était emparé des prises que les vaisseaux du roi de France avaient faites; que le gouverneur lui répondit qu'il ignorait que ces vaisseaux appartinssent à sa majesté très-chrétienne; qu'il les avait pris pour des corsaires particuliers, que d'ailleurs il fallait s'adresser à l'intendant. Le comte de Forbin assure que l'intendant le renvoya froidement au gouverneur; que voyant qu'on se moquait ainsi d'eux, il conseilla à Jean-Bart de se faire justice lui-même; qu'ils armèrent sur-le-champ les canots et les chaloupes, allèrent à bord des prises, en chassèrent les Danois qui les gardaient.

Le comte de Forbin continue son éloge; assure qu'il écrivit, de son chef, à M. de Pruneviau, ambassadeur du roi de France auprès de sa majesté Danoise; le pria de se plaindre à ce monarque de l'insulte que le gouverneur et l'intendant de Bergue avaient faite au pavillon du roi de France; qu'ils visitèrent ensuite leurs vaisseaux; trouvèrent que les ballots avaient été ouverts et pillés; qu'ils firent faire un inventaire de ce que leurs prises contenaient; en dressèrent procès-verbal; reçurent le témoignage de ceux qui étaient restés dans les vaisseaux qu'ils avaient pris ; que le commissaire qui les accompagnait depuis Dunkerque, se trouvant coupable, fut mis aux fers ; qu'ils ordonnèrent les arrêts au capitaine de la frégat qui avait escorté les prises.

Est-il vraisemblable qu'un homme d'un caractère aussi bouillant et aussi ennemi du repos que Jean-Bart, restât dans une parfaite tranquillité, comme l'annonce Forbin, même dans une stupide indolence, pendant qu'on le dépouillait du fruit de ses travaux, de son courage ? On ne se persuadera jamais qu'une âme élevée comme la sienne fût capable de pareilles bassesses.

D'ailleurs, Bart, son fils, qui l'accompagnait dans toutes ses expéditions depuis 1690, nie formellement le fait de ses mémoires manuscrits, que M. Bart, chef d'escadre, ancien gouverneur de Saint-Domingue, et petit-fils du célèbre Jean-Bart a eu la bonté de nous communiquer.

Lorsque le comte de Forbin fait le récit des actions de Jean-Bart auxquelles il assiste, il s'en attribue toute la gloire ; ne semble enfin écrire que ce que la vanité lui dicte. Pour prouver ce qu'il annonce, il présente ce célèbre marin comme un stupide, incapable de former aucun projet, d'exécuter aucune entreprise importante; garde un profond silence sur les actions auxquelles il n'a eu aucune part, dont il ne peut, par conséquent, s'attribuer la gloire. En voici une qui a été attestée par plusieurs personnes du temps, et écrite dans plusieurs mémoires; elle ne se trouve cependant pas dans ceux de Forbin.

Pendant que Jean-Bart était à Bergue, un Anglais, qui commandait deux vaisseaux, y aborda, alla dans un lieu public où les étrangers avaient coutume de se rendre pour se rafraîchir. Il aperçut un homme dont l'air fier et déterminé, la taille haute et robuste le frappèrent. L'entendant parler facilement anglais, il eut la curiosité de savoir qui il était. Ceux auxquels il le demanda, lui répondirent que c'était Jean-Bart. *C'est lui que je cherche*, dit-il. *C'est lui-même*, lui répondit-on. Cet Anglais lia conversation avec lui; après un entretien assez court, il lui dit qu'il le cherchait, qu'il avait envie d'en venir aux prises avec lui. *Cela est très facile*, lui répondit Jean-Bart: *j'ai besoin de munitions, et partirai sitôt que j'en aurai reçu. Je vous attendrai*, lui répondit l'Anglais. Jean-Bart apprit qu'un vaisseau parti de Brest pour lui en apporter avait été pris par les Flessinguais ; il vendit une de ses prises, acheta des munitions. Pendant qu'il était occupé de ces soins, le roi de Danemarck fit écrire au gouverneur de la ville, une lettre remplie de plaintes et de menaces. L'ambassadeur de France avait représenté à sa majesté danoise, qu'on avait manqué au droit des gens, en insultant, dans ses états, les vaisseaux du roi de France, avec lequel il n'était point en guerre. Le gouverneur alla prier Jean-Bart et Forbin de le justifier auprès du roi son maître. Ils lui répondirent que leur honneur ne permettait pas qu'ils se contredisent ; lui promirent seulement de prier l'ambassadeur de France de s'intéresser pour lui ; ils lui tinrent parole.

Lorsque Jean Bart eut fait les préparatifs pour son départ, il avertit le capitaine anglais qu'il mettrait à la voile le lendemain. L'Anglais répondit qu'ils se battraient lorsqu'ils seraient en pleine mer, mais qu'étant dans un port neutre, ils devaient se traiter réciproquement avec amitié, l'invita à déjeûner le lendemain à son bord, avant de partir. Jean-Bart lui répondit : *Le déjeûner de deux ennemis comme vous et moi qui se rencontrent, doit être des coups de canon et des coups de sabre.* Le capitaine

anglais insista. Jean-Bart était brave ; par conséquent incapable de bassesse ; il jugea du capitaine Anglais par lui; accepta son déjeûner, se
rendit à son bord et dit au capitaine Anglais : *Il
est temps de partir*. L'Anglais lui dit : *Vous êtes
mon prisonnier ; j'ai promis de vous prendre,
de vous amener en Angleterre*. Jean-Bart jeta
sur lui un regard qui annonçait son indigna-
tion et sa fureur; alluma sa mèche, cria *à moi;*
renversa quelques Anglais qui étaient sur le
pont et dit: *Non, je ne serai pas ton prisonnier :
le vaisseau va sauter*. Tenant sa mèche allu-
mée, il s'élança vers un baril de poudre qu'on
avait par hasard, tiré de la Sainte-Barbe.
Tout l'équipage anglais se voyant près de périr,
fut saisi d'effroi. Les Français qui étaient dans
les vaisseaux de Jean-Bart l'avaient entendu :
ils se mirent promptement dans des chaloupes,
montèrent à l'abordage du vaisseau où il était,
hachèrent en pièces une partie des Anglais,
firent les autres prisonniers, s'emparèrent du
vaisseau. En vain le capitaine anglais représenta qu'il était dans un port neutre, Jean-
Bart l'enleva, le conduisit à Dunkerque. Il
laissa au port de Bergue l'autre vaisseau anglais qui n'était pas complice de la trahison du
capitaine.

un homme assez hardi pour prendre une pareille liberté. Les gardes voulurent le faire sortir, disant qu'il n'était pas permis de fumer chez le roi. Il leur répondit, avec un air do sang-froid : *J'ai contracté cette habitude au service du roi, mon maître ; elle est devenu un besoin pour moi ; je crois qu'il est trop juste pour trouver mauvais que j'y satisfasse*, et continua à fumer. Comme il n'avait jamais paru à la cour, il n'y avait quo le comte de Forbin qui le connût; mais il craignait les suites de cette aventure ; n'osa dire qu'il était son ami. On alla avertir le roi qu'un homme avait la hardiesse de fumer dans son appartement, et refusait d'en sortir. Louis XIV dit en riant : *Je parie que c'est Jean-Bart ; laissez-le faire.* Peu de temps après, il dit : *qu'on le fasse entrer.* Lorsque Jean-Bart parut, sa majesté le reçut avec accueil; lui dit : *Jean-Bart, il n'est permis qu'à vous de fumer chez moi.* Au nom de Jean-Bart qui était fort connu, à l'accueil que le roi fit à cet homme singulier, tous les courtisans furent étonnés, se rangèrent autour de lui, lorsqu'il eut quitté le roi; lui demandèrent comment il avait fait pour sortir de Dunkerque avec sa petite escadre, pendant que ce port était bloqué par une flotte ennemie. Il les fit tous ranger sur une ligne; les écarta à coups de coude, à coups de poings : passa au milieu d'eux ; se retourna, leur dit : *Voilà comme j'ai fait*. Quelques-uns rentrèrent chez le roi en riant; lui racontèrent ce qui venait de se passer. Louis XIV voulut s'amuser, fit appeler Jean-Bart, et, croyant l'embarrasser, lui demanda comment il avait passé au travers de la flotte ennemie qui bloquait Dunkerque. Il répondit en termes énergiques, enfin en langage marin, qu'il leur avait envoyé ses bordées de tribord et de babord. Les courtisans marquèrent de la surprise. Le roi leur dit : *Il me parle un peu grossièrement, mais il agit bien noblement pour moi*. Les parcourant ensuite des yeux, il ajouta : *Y en a-t-il un parmi vous qui soit capable de faire ce qu'il a fait?* A cette question, ils baissèrent tous la tête. Le nom de Jean-Bart remplissait tout Versailles : les petits-maîtres se disaient : *Allons voir le comte de Forbin qui mène l'ours*.

Louis XIV lui fit donner une rescription de mille écus sur le trésor royal. C'était un nommé *Pierre Gruin* qui devait la payer; il demeurait dans la rue du Grand-Chantier, au Marais. Jean-Bart se rend à Paris, va dans la rue du Grand-Chantier ; demande de porte en porte où demeure Pierre Gruin ; trouve sa maison ; dit au portier : *Nest-ce pas ici que demeure Pierre Gruin?* Le portier lui répond : *C'est ici que demeure M. Gruin.* Jean-Bart entre ; monte l'escalier, ouvre les portes ; arrive au lieu où M. Gruin est à dîner avec plusieurs personnes de ses amis ; dit : *lequel de vous est Pierre Gruin?* Pierre Gruin lui répond : *C'est moi qu'on appelle M. Gruin.* Jean-Bart lui présente sa rescription ; lui dit : payez. M. Gruin la prend, la lit, passe sa main par dessus son épaule, comme pour la lui rendre ; la laisse tomber, dit *Vous repasserez dans deux jours.* Jean-Bart tira son sabre, qu'il portait toujours au lieu d'épée, lui dit : *Ramasse cela et paie tout-à-l'heure.* Un de ceux qui sont à dîner avec M. Gruin, reconnaît Jean-Bart ; dit à M. Gruin : *Payez; c'est Jean-Bart : il ne faut pas plaisanter avec lui.* M. Gruin se lève, ramasse la rescription, dit à Jean-Bart de le suivre, qu'il va le payer. Il passe dans son bureau, prends des sacs remplis d'argent blanc, va pour les peser. Jean-Bart lui dit : *Je ne suis pas un mulet ; il me faut de l'or.* M. Gruin. que la peur a rendu poli, le paie en or.

On conseilla à Jean-Bart de s'habiller proprement pour aller remercier sa majesté des bontés qu'elle avait eues pour lui, et prendre congé d'elle. Il se fit faire un habit, une veste, un pantalon de drap d'or; fit tout doubler de drap d'argent, même le pantalon. Cette doublure le gênait beaucoup, principalement celle du pantalon, ce qui fit rire le roi et toute la cour, lorsqu'on fut instruit de cette simplicité. Le comte de Forbin, jaloux de voir que le roi et les ministres marquaient beaucoup plus de bontés à Jean-Bart qu'à lui, qu'il l'éclipsait tout-à-fait, demanda à être mis dans le département de Brest, afin de ne plus servir avec Jean-Bart.

Jean-Bart était étranger à la cour : il s'y déplaisait. Son courage et son activité le rappelaient au milieu des hasards : il retourna à Dunkerque, où il apprit la triste nouvelle de la défaite de la flotte française, à la bataille de la Hogue, par celles des Hollandais et des Anglais combinées. Voyez la *vie du maréchal de Tourville*.

Les ennemis, après leur victoire, envoyèrent un détachement de leur flotte, composé de trente-deux vaisseaux, bloquer le port de Dunkerque, d'où il sortait continuellement des corsaires qui ruinaient leur commerce par les prises qu'ils faisaient sur eux. Jean-Bart, qui était alors dans ce port, s'ennuyait d'être enfermé. Le 7 octobre 1693, il trouva encore le moyen de passer par les intervalles des vaisseaux ennemis, avec trois frégates, le *Comte,* de quarante-quatre canons, l'*Hercule,* de trente-six, le *Tigre,* aussi de trente-six, et un brûlot.

Dès le lendemain, il rencontra quatre vaisseaux anglais, richement chargés pour la Russie ; les enleva ; les fit conduire dans un des ports de France. Au bout de quelques jours, il joignit une flotte de quatre-vingt-six bâtiments de la même nation ; prit une partie des marchandises ; fit passer les équipages sur ses vaisseaux ; brûla tous ceux des ennemis ; fit une descente en Angleterre vers Newcastle ; brûla environ cinq cents maisons ; revint à Dunkerque avec des prises qui furent encore estimées cinq cents mille écus. Ainsi un seul homme vengeait la France.

Peu de jours après, il remit à la voile avec ses trois frégates ; alla croiser dans la mer du Nord. Il rencontra quelques vaisseaux marchands, prit les marchandises, les équipages, et brûla les vaisseaux, suivant l'ordre qu'il en avait reçu. Voyant que la saison commençait à s'avancer, il résolut d'aller désarmer à Dunkerque ; mais le maître d'un bâtiment danois lui dit qu'il avait rencontré une flotte holandaise venant de la mer Baltique, escortée par un vaisseau de guerre de cinquante-quatre canons; une frégate de trente-quatre, et une autre de vingt-six. Jean-Bart força de voiles pour la chercher. Il la trouve, l'attaque, aborde lui-même le commandant qui est de cinquante-quatre canons; l'*Hercule* et le *Tigre* abordent les deux frégates ennemies et s'en emparent. Le commandant fait une si vigoureuse résistance, que Jean-Bart l'aborde trois fois, sans pouvoir s'en rendre maître. Il trouve même moyen d'échapper; mais il laisse toute sa flotte au pouvoir des Français qui la conduisent à Dunkerque.

Aussitôt que Jean-Bart eut fait radouber ses trois vaisseaux il se remit en mer avec un quatrième, rencontra une escadre de cinq vaisseaux anglais, qui conduisaient le prince d'Orange en Angleterre; s'en approcha de fort près. Le prince jugeant par la contenance fière et la manœuvre des quatre vaisseaux, qu'ils avaient quelque projet contre son escadre, demanda ce que c'était; on lui répondit que c'était quatre bâtiments français commandés par le capitaine Jean-Bart. A ce nom le prince frémit. Il ordonna qu'on mit son pavillon bas, disant : *Si cet homme intrépide s'aperçoit que je suis sur un de ces*

4.

vaisseaux, il risquera le tout pour le prendre.
Si Jean-Bart avait su que le prince d'Orange
était sur un vaisseau de cette escadre, il n'aurait effectivement pas manqué de l'attaquer;
l'employer toute son adresse et son courage
pour le prendre. On peut imaginer combien
cette prise aurait été glorieuse pour lui et utile
à la France. Il laissa passer l'escadre : le prince
arriva en Angleterre encore tout effrayé.

Jean-Bart crut que cette escadre était composée de vaisseaux de guerre qui allaient joindre
la flotte ennemie. Il savait d'ailleurs qu'une
flotte hollandaise, chargée de blé, de goudron
et d'autres marchandises, venait du Nord par la
mer Baltique ; et voulait s'en emparer. Il la
rencontra escortée par trois vaisseaux de guerre,
l'un de quarante-huit pièces de canon, l'autre
de quarante, et le troisième de trente-six ; attaqua ces trois vaisseaux, prit celui de quarante-huit, mit les deux autres en fuite, s'empara de dix-huit vaisseaux marchands.

Le roi ayant nommé M. de Bonrepos ambassadeur en Danemarck, et M. d'Avaux embassa-
deur en Suède, Jean-Bart eut ordre de les conduire à leur destination : ils s'embarquèrent sur
sa flotte ; firent tranquillement leur route, malgré le grand nombre de vaisseaux hollandais et

anglais qui croisaient sur ces côtes pour les empêcher de passer. De là, Jean-Bart alla, par ordre de la cour, chercher à Vleckerem une flotte chargée de seigle et de froment que le roi avait fait acheter. En revenant il rencontra, à la hauteur de Gorée, à deux lieues et demie au large, onze vaisseaux de guerre hollandais : il les évita en faisant route vers Plessingue. Il en rencontra treize autres anglais à la tête des bancs de Flandre ; mais ils n'osèrent l'attaquer. Il amena tranquillement sa flotte au port de Dunkerque.

Le roi, voulant réparer la perte qu'il avait faite à la bataille de la Hogue, donna les ordres nécessaires pour mettre en mer une flotte formidable dans l'année 1693. On travailla avec beaucoup de diligence à Rochefort, à Dunkerque et à Brest. Jean-Bart eut ordre de conduire dans le dernier port l'*Alcion* de quarante canons. Il s'embarqua avec son fils, et sitôt qu'il fut arrivé à Brest, on lui donna le commandement du *Glorieux*, de soixante-quatre canons. Sa majesté confia encore le commandement de son armée navale au comte de Tourville, alors maréchal de France, avec la liberté d'agir comme il le jugerait à propos, et suivant les conjectures où il se trouverait. Le maréchal se rendit à

Brest, où la flotte était rassemblée : elle se monta à soixante-onze vaisseaux de guerre, vingt-
sept brûlots, vingt bâtiments de charge pour
ser vir d'hôpitaux et de magasins. Il mit à la voile
le 26 mai 1693 ; se trouva le premier juin à la
hauteur du cap de la Roque, qui est près de
Lisbonne.

Le 3 du même mois, le comte de Villars, qui
montait le vaisseau *le Superbe*, alla à bord du
général avec une prise. Le capitaine qui venait
d'être fait prisonnier, dit à M. de Tourville,
qu'une flotte marchande des ennemis, destinée
pour Cadix, pour les côtes d'Italie et pour Smyr-
ne, était partie ; qu'elle ne pouvait éviter de
tomber dans celle des Français, parce que les
ennemis ignoraient que celle-ci fût une croisière
sur ces parages. Le maréchal de Tourville re-
lâcha à Lagos pour faire nettoyer une partie de
ses vaisseaux ; y laisser entrer l'air. Depuis le
départ, on n'avait point ouvert les sabords, à
cause de la grosse mer et du mauvais temps.
On permit aux soldats de descendre à terre tour
à tour. Un soldat du vaisseau de Jean-Bart prit
querelle avec un portugais, se battit avec lui et
le tua. On mit le Français en prison ; on ins-
truisit son procès. Jean-Bart qui le connaissait
pour un homme brave, avait envie de le sauver

mais il n'osait employer la violence dans un pays allié. Il eut recours à la ruse, et le fit mettre en liberté. Le 26 juin, sur les quatre heures du soir, on aperçut deux des vaisseaux français de garde, qui allaient à force de voiles, et tiraient des coups de canon, pour annoncer qu'ils découvraient les ennemis.

Les deux vaisseaux venaient du cap Saint-Vincent, par où la flotte ennemie qu'on attendait devait passer, en faisant route depuis le détroit de Gibraltar. Les capitaines de ces deux vaisseaux rapportèrent que, dès sept heures du matin, ils avaient découvert, à peu près cent quarante voiles à quinze lieues au-delà du cap, qui venaient du côté de la flotte française ; qu'ils avançaient sur trois colonnes ; mais que ne les ayant pas approchés de près : il n'avaient pu voir si c'étaient des vaisseaux de guerre où des vaisseaux marchands.

Le maréchal renvoya ces deux navires du côté d'où il venaient, pour tâcher de mieux reconnaître la flotte qu'ils avaient aperçue, et de lui en donner des nouvelles plus sûres. Au même instant on mit à la voile ; on vogua toute la nuit : le lendemain on se trouva à douze lieues de Cargos, dans une situation à pouvoir éviter les vaisseaux qu'on avait découverts, s'ils composaient une armée plus forte que celle de France, et à revirer si on voyait que ce fût la flotte marchande.

A sept heures du matin, on entendit du côté de Lagos, un navire qui sauta en faisant un bruit terrible : peu de temps après, on vit la fumée à travers une brume que le soleil dissipa bientôt. On entendit le même bruit, et on vit la même fumée trois ou quatre fois de suite : lorsque la brume fut tout-à-fait dissipée, en vit le long de la côte les navires qui brûlaient. On connut que c'étaient deux bâtiments de charge, que le chevalier de Sainte-Maure avait brûlés n'ayant pu les amener, parce qu'il s'était trouvé seul ; que les vaisseaux de l'escorte le suivaient de près. Cette escorte montait à vingt-sept vaisseaux de ligne, dont le moindre était de cinquante canons, l'amiral de quatre-vingts et le contre-amiral de soixante-dix. Le chevalier de Saint-Maure amena les deux capitaines des vaisseaux qu'il avait brûlés. L'un était Hollandais, avait sur son vaisseau pour six cents mille livres de toile ; l'autre était Anglais, avait pour cinquante mille écus de drap.

Ils dirent que c'était la flotte marchande qu'on avait vue. Alors le maréchal de Tourville fit signal à toute l'armée ; força lui-même de

voiles pour avancer sur les ennemis ; mais ils
étaient sous le vent ; il fallait louvoyer pour les
joindre. Les meilleurs voiliers abordèrent l'ar
rière-garde pendant la nuit. Après qu'on l'eût
canonnée l'espace d'une heure, on mit entre
deux feux deux navires Hollandais de soixante
pièces de canon ; on les força d'amener pavil
lon et de se rendre.

Les Français firent tous leurs efforts pendant
la nuit pour gagner le vent. Les vaisseaux légers parvinrent à enfermer une grande partie
de la flotte ennemie entr'eux et la terre. Le
jour suivant, l'armée française fit un demi-
cercle fort étendu ; prit ou brûla tous les vaisseaux qui se trouvèrent dedans. On en voyait
sauter à tout instant. Pendant ce temps on
amena au maréchal plusieurs flûtes de la flotte
ennemie. Elles étaient chargées de mâts du
Nord, de bois de construction, de cordages,
etc. Les vaisseaux qui s'étaient dispersés, rejoi-
gnirent le maréchal les uns après les autres, et
tous amenaient des prises. Un, entr'autres,
amena une pinasse hollandaise de cinquante-
huit canons, chargée de draps d'Angleterre,
d'étain, d'argent monnayé. On y trouva des
montres d'or, dont quelques-unes étaient émail-
lées. On estima cette prise un million et
demi.

On apprit au maréchal que cinquante vaisseaux, parmi lesquels il y en avait quinze de
guerre, avaient gagné le large. Cet avis l'engagea à donner le signal pour rallier sa flotte,
qui était dispersée. Il acheva de brûler les navires ennemis qui étaient rangés sur la côte, et
qu'il ne pouvait amener; fit route du côté de
Cadix, pour en fermer le passage aux débris de
la flotte ennemie.

Le 29 juin, il découvrit plusieurs vaisseaux
qui dirigeaient leur route de ce côté; mais ils
étaient si éloignés, qu'on ne put les joindre.
Ils entrèrent dans la rade au nombre de trente.
La flotte française mouilla à la vue de cette ville;
trouva en arrivant que neuf ou dix vaisseaux
ennemis étaient déjà entrés dans le port, et
plusieurs autres dans la rivière de Guadal-
quivir. A l'arrivée de la flotte française ils se
jetèrent tous dans le port.

Les vaisseaux légers avaient coupé passage à
deux gros vaisseaux marchands : l'un ayant
reçu plusieurs coups de canon, se jeta en plein
jour sous une forteresse, et sous le canon de la
ville de Cadix : mais les Français le brûlèrent
à l'entrée de la nuit, malgré le canon du fort
et de la ville.

Jean-Bart fit connaître aux ennemis qu'il

était dans la flotte française. Il commandait le vaisseau *le Glorieux* de soixante-quatre canons, comme on l'a vu. Etant séparé de la flotte, il rencontra près de Fero, six navires hollandais, dont un de cinquante pièces de canon, les autres de quarante-quatre, de trente-six, de vingt-huit, de vingt six et vingt-quatre, tous richement chargés. Il les attaqua, les força de s'échouer; les brûla. Les capitaines des différents vaisseaux qu'on avait pris, assurèrent que la perte des ennemis montait à douze millions. On leur brûla en outre plusieurs vaisseaux qui s'étaient jetés dans différents ports. Enfin le dommage que l'on causa aux ennemis près de Cadix, fut beaucoup plus considérable que celui qu'avaient essuyé les Français quelque temps auparavant près de la Hogue.

Jean-Bart se rendit à Toulon, avec le reste de la flotte. Il y reçut ordre de la cour d'aller à Dunkerque pour prendre le commandement de six frégates, le *Maure* de cinquante-deux canons, le *Fortuné* de pareil nombre, le *Mignon* et le *Jersey* de quarante-quatre, le *Comte* et l'*Adroit* de quarante canons; de se rendre à Vleckeren, d'y prendre une flotte chargée de blé pour le compte du roi. Dans la traversée, il prit à l'abordage une frégate anglaise de

trente-deux canons, et amena la flotte à Dunkerque, quoique les Anglais et les Hollandais
eussent de nombreuses escadres, composées
de gros vaisseaux, pour lui boucher le passage.
Cette expédition fut d'une grande utilité à la
France, où le blé était alors très rare et très
cher. Sa majesté, pour marquer sa satisfaction
à Jean-Bart, lui envoya la croix de Saint-
Louis.

Il était resté dans différents ports du Nord,
plus de cent trente vaisseaux que la reine de
Pologne avait fait charger de blé pour la
France : ils n'avaient pu se mettre en route à
cause des glaces. Jean-Bart, eut ordre de repar-
tir sur-le-champ avec ses six frégates. Ce nouvel
armement fut prêt le 20 de mai : mais il ne pouvait sortir parce que les vents étaient contrai-
res ; que, d'ailleurs, les ennemis bloquaient le
port et avaient mis des vaisseaux en travers
pour boucher les intervalles. Jean-Bart connaissait le besoin urgent que la France avait du
blé, et désirait de vaincre les obstacles qui
s'opposaient à son départ. Enfin, il s'avisa d'un
stratagème qui lui réussit et qui prouve que cet
homme avait du génie, quoique le comte de
Forbin le présente comme un personnage gros-
sier et stupide. Il assembla six barques, ar-

donna a ceux qui les montaient, de partir dès le commencement de la nuit, de raser la côte, d'aller en pleine mer et d'allumer des fanaux lorsqu'ils y seraient ; de les éteindre sitôt qu'ils s'apercevraient que les ennemis iraient à leur poursuite ; de regagner la côte et de rentrer dans la rade. Ses ordres furent ponctuellement exécutés, et son projet réussit comme il l'avait prévu. Les ennemis, voyant six vaisseaux en pleine mer, crurent que c'était Jean-Bart qui leur avait échappé. Ils coururent après, et Jean-Bart partit : ce fut le 27 juin 1694.

Ceux qui montaient les cent trente vaisseaux chargés de blé, voyant que les glaces leur laissaient le passage libre, qu'on ne venait point les chercher, se livrèrent à l'impatience ; mirent à la voile sous l'escorte de trois vaisseaux de guerre, deux danois et un suédois. La neutralité que ces deux nations observaient avec les puissances belligérantes, leur donnait droit de commercer partout. Malgré ce droit, les Hollandais envoyèrent une escadre de huit vaisseaux de guerre, commandée par le contre-amiral de Frise, nommé Hides de Vries, pour enlever la dotte française. Cette escadre la rencontra entre Texel et la Vlie ; s'en empara, sans que les vaisseaux danois et suédois fissent aucun effort pour la défendre.

Le 29 du même mois Jean-Bart aperçut
cette flotte à plus de quinze lieues au large ; il
envoya sa corvette reconnaître ce que c'était.
On lui rapporta que c'étaient huit vaisseaux de
guerre hollandais qui avaient rencontré et
enlevé la flotte chargée de blé qu'il allait
chercher. Ce grand homme ne consulta dans
ce moment que son zèle et son courage. Il dit
aux officiers : *Il faut avancer et combattre.*
L'intérêt de la France le demande. Il ordonna
en même temps qu'on déployât toutes les voiles.
Lorsqu'il fut à la portée du canon des ennemis,
il dit encore aux officiers : *Camarades, point de*
canon, point de fusil ; songeons à donner des
coups de pistolet, de sabre : je vais attaquer
le contre-amiral, et vous en rendrai bon
compte. Il alla à lui, essuya sa bordée ; lui lâcha
la sienne lorsqu'il fut à la portée de pistolet :
monta à l'abordage. Le contre-amiral Hides de
Vries était un homme brave et vigoureux : il se
présenta le premier pour faire face aux Français, et exciter les siens par son exemple. Jean
Bart avança sur lui, le sabre à la main. Ils
combattirent longtemps l'un contre l'autre, et
se portaient des coups si terribles, que le feu
partait de leurs armes. Enfin, Jean-Bart lui tira
un coup de pistolet dans l'estomac, un autre

dans le bras, lui donna plusieurs coups de sabre sur la tête, l'abattit à ses pieds. Les Français, armés du courage de leur commandant, firent un carnage horrible dans ce vaisseau ; s'en emparèrent en moins d'une demi-heure. Deux autres vaisseaux de guerre hollandais furent enlevés de la même manière ; les cinq qui restaient s'enfuirent épouvantés. Jean-Bart fit le tour de la flotte chargée de blé, l'emmena avec tous les matelots que les Hollandais avaient mis dedans. Il en envoya une partie dans les différents ports de France ; prit la route de Dunkerque avec l'autre et les trois vaisseaux de guerre hollandais. Celui qu'il avait pris lui-même, était de cinquante-huit pièces de canon, un autre était de quarante-huit, le troisième de trente-quatre. Le lieutenant du vaisseau de Jean-Bart fut tué avec deux hommes, vingt furent blessés. Sur le vaisseau qu'il prit, il y eut trois cents hommes tués ou blessés. Le contre-amiral mourut de ses blessures. Les trois vaisseaux de Danemarck et de Suède étaient restés spectateurs du combat.

Un jeune marinier provençal fit une action qui mérite d'être rapportée. Jean-Bart dit en abordant le vaisseau contre-amiral des Hollandais, qu'il donnerait dix pistoles à celui qui lui

apporterait le pavillon du contre-amiral, et six
à celui qui lui apporterait le pavillon de poupe.
Ce marinier s'élance avec les autres sur le vaisseau ennemi, monte au gros mât pour en enlever le pavillon. Le contre-maître l'aperçoit,
lui tire deux coups de fusil, dont un lui perce
la main, et l'autre la cuisse. Le marinier d'un
sang-froid presqu'incroyable, enveloppe sa
main avec son mouchoir, et sa cuisse avec sa
cravate, continue de monter, enlève le pavillon,
s'en fait une ceinture, descend, va sur la du-
nette, pour enlever le pavillon de poupe. Il l'a
déjà détaché à moitié : le contre-maître l'aperçoit encore ; lui porte un coup d'esponton. Le
marinier se retourne, prend une hache d'armes
qu'il a à son côté, en donne un coup du pic au
contre-maître, lui crève un œil, le renverse
par terre, continue de détacher le pavillon,
l'ajoute à sa ceinture et va les porter tous deux
à Jean-Bart, qui lui donne la récompense pro-
mise. Rien ne rebute des soldats commandés par
un homme tel que Jean-Bart.

Ce héros rentra dans le port de Dunkerque
le 3 juillet ; écrivit sur-le-champ la lettre suivante à M. de Pontchartrain, alors ministre de
la marine. Cette lettre écrite de sa main au
ministre, prouve que M. de Forbin a eu tort de

dire, dans ses mémoires, que Jean-Bart ne savait
ni lire, ni écrire.

MONSEIGNEUR,

Je prends la liberté de vous écrire, pour vous
informer que le 29 du mois passé, je rencontrai
environ à douze lieues en mer, entre le Texel
et la Meuse, huit vaisseaux de guerre hollandais, dont un portait pavillon de contre-amiral.
Je les envoyais reconnaître aussitôt. On me rapporta que ces vaisseaux s'étaient emparés d'une
flotte chargée de blé, destiné pour la France ;
qu'ils avaient obligé tous les bâtiments qui la
composaient de les suivre, et fait passer tous les
patrons sur leurs bords. Je crus que, dans une
telle conjoncture, il était de mon devoir de combattre pour reprendre cette flotte. En consé-
quence, je fis assembler tous les capitaines de
mon escadre, avec lesquels je tins conseil de
guerre, et dans lequel il fut résolu de livrer
combat. Pour donner l'exemple, j'attaquai le
premier ; allai sur le contre-amiral, montai
aussitôt à l'abordage, et quoiqu'il fut monté de
cinquante-huit canons, je m'en rendis maître,
après une demi-heure de combat, sans avoir dé-
semparé l'abordage.

Dans ce peu de temps, les ennemis ont eu au

moins cent cinquante hommes tant tués que
blessés. Je n'ai perdu que trois hommes, et n'en
ai eu que vingt de blessés. Au nombre de ceux
qui ont été blessés parmi les ennemis, est le
contre-amiral Hides de Vries. Il reçut un coup
de pistolet dans la poitrine, un coup de mous-
quet au bras gauche, et trois coups de sabre sur
la tête. Il a fallu lui couper le bras.

Le *Mignon* a pris un vaisseau ennemi de quarante-huit canons; le *Fortuné* un de trente-
quatre. Les cinq autres vaisseaux de cette escadre, s'étant aperçus que leur contre-amiral
était pris, se sont enfuis. J'ai ramené dans ce
port trente bâtiments de la flotte chargés de
blé. Ce combat s'est donné en présence des
vaisseaux danois et suédois qui l'escortaient et
qui sont demeurés tranquilles spectateurs. Ils
ont poursuivi leur route avec les autres navires
pour différents ports de France. J'aurai l'honneur de vous écrire plus au long. J'ajouterai
seulement, pour le moment, que le contre-amiral Hides m'a dit qu'il avait ordre du prince d'O-
range d'arrêter tous les bâtiments chargés de
blé pour la France et de les amener en Hollande. Le porteur de la présente est mon fils,
qui s'est trouvé au combat. »

Dunkerque, le 3 juillet 1694.

Le jeune Bart se rendit à Versailles, alla chez
M. de Pontchartrain; lui présenta la lettre de son
père. Lorsque le ministre l'eut lue, il lui dit :
« Le roi est à Saint-Germain : il faut venir avec
moi lui annoncer cette importante nouvelle.
M. Bart lui répondit : Monseigneur, je ne suis pas
arrangé pour paraître devant sa majesté. Il faut
venir comme vous êtes, monsieur, répliqua le
ministre, vous prouverez au roi votre empres-
sement à lui apprendre une nouvelle aussi agréable pour lui et aussi glorieuse pour votre père.
Sa majesté vous en saura gré. » Il le fit monter
dans sa voiture avec lui; le conduisit à Saint-
Germain; le présenta au roi, lui dit : « Sire,
j'ai l'honneur de présenter à votre majesté le
fils de M. Jean-Bart, qui vient lui annoncer, que
son père a repris aux ennemis votre flotte chargée de blé, et qu'elle est dans vos ports. Les
détails sont dans cette lettre. » Louis XIV la lut
et demanda au jeune Bart s'il était monté à l'a-
bordage. « Sire, j'y suis monté avec mon père, »
répondit M. Bart. « Vous êtes cependant bien
jeune, reprit le roi. Au reste, il n'est pas étonnant que le fils de Jean-Bart soit brave. Dites
à monsieur votre père que je lui donnerai des
marques de ma satisfaction. »

Le jeune Bart était en botte et n'avait pas

coutume de marcher sur un parquet frotté : il glissa et tomba en se retirant, le roi poussa un cri et fit un mouvement comme pour lui aider à se relever ; mais le jeune homme fut aussi promptement relevé qu'il était tombé. Le roi dit, en riant : « On voit bien que messieurs Bart sont meilleurs marins qu'écuyers. »

Le bruit se répandit bientôt dans SaintGermain. que le fils de Jean-Bart venait d'annoncer au roi, que son père avait repris aux ennemis la flotte de blé, et enlevé trois vaisseaux de guerre qu'il avait conduits dans les ports de France. La princesse de Conti voulut voir le fils d'un héros : elle l'envoya chercher ; le pria de lui donner des détails sur le combat que son père avait livré aux Hollandais. Lorsqu'il eut fini, elle tira une fleur d'un bouquet qu'elle avait alors et lui dit : « Monsieur, présentez cette fleur à monsieur votre père, et dites-lui, de ma part, de la mettre à sa couronne de lauriers. »

Le blé qui valait trente livres le boisseau, tomba à trois livres. Ainsi ce grand homme rétablit, par son courage et son habileté, la joie dans toute la France, que la disette avait plongée dans la désolation. Cette victoire peut être mise au nombre des plus grands événements qui se sont passés sous Louis XIV. Pour en conserver la mémoire, on frappa une médaille. On y voit la proue d'un vaisseau qui est au bord de la mer ; Cérès, sur le rivage, tenant des épis de blé. La légende est : *Annona Augusta*, et l'exergue : *fugatis aut captis Batavorum novibus.* M. DC XCIV. Ce qui signifie : *La France pourvue de blé, par les soins du roi, après une victoire remportée sur les Hollandais en 1694.*

Peu de temps après, le roi donna à Jean-Bart des preuves de sa satisfaction : il lui envoya des lettres de noblesse, et donna à son fils le grade d'enseigne de vaisseau.

Aucun officier n'a reçu des marques de la satisfaction de son monarque, plus glorieuses que celles que Jean-Bart reçut alors de Louis-le-Grand. En voici le précis :

LOUIS, par la grace de Dieu, etc. Comme il n'y a point de moyen plus assuré pour entretenir l'émulation dans le cœur des officiers qui sont employés à notre service, et les exciter à faire des actions éclatantes, que de récompenser ceux qui se sont signalés dans les commissions que nous leur avons confiées, et de les distinguer par des marques glorieuses qui puissent passer jusqu'à leur postérité. Nous avons, par

ces considérations, accordé des lettres de noblesse à ceux de nos officiers qui se sont rendus
le plus recommandables : mais nous n'en trou
vons point qui se soient rendus plus dignes de
cet honneur que notre cher et bien-aimé Jean-
Bart, chevalier de notre ordre militaire de Saint-
Louis, capitaine de marine, commandant actuellement une escadre de nos vaisseaux de
guerre, tant par l'ancienneté de ses services que
par la qualité de ses actions et de ses services. »
On y voit l'énumération de ses belles actions :
on finit par celle que nous venons de rapporter,
et on ajoute : « Une action si distinguée, jointe
à plusieurs autres exploits signalés, nous convient à lui donner des marques de l'estime que
nous faisons de sa personne, et de la satisfaction que nous avons de ses services, en l'hono-
rant du titre de noblesse, afin d'augmenter,
s'il est possible, l'ardeur qu'il a de signaler et
de donner en même temps de l'émulation à nos
autres officiers de marine, et exciter en eux
l'envie de l'imiter, dans l'espérance de s'acquérir à eux et à leur famille un semblable honneur.
A ces causes, voulant récompenser les services
importants du dit sieur Bart, par des marques
de distinction, qui fassent connaître à la postérité la considération particulière que nous avons

pour sa valeur, qu'il a toujours conduite avec tant d'avantage pour le succès des entreprises qu'il a faite pour notre service. De notre grâce spéciale, puissance et autorité royale, nous avons anobli, anoblissons, par ces présentes signées de notre main, le dit sieur Jean-Bart, ensemble ses enfants, postérité et lignée, des deux sexes, nés et à naître en légitime mariage, que nous avons décorés et décorons du titre de gentils-hommes. Voulons et nous plaît que dorénavant ils soient comptés, tenus et réputés pour nobles et gentilshommes, en tous actes et endroits, tant en jugement que dehors, et qu'ils se puissent dire et qualifier écuyers, et puissent parvenir à tous degrés de chevalerie, titres, qualités et autres dignités de notre royaume ; acquérir, tenir et posséder tout fiefs, terres nobles et seigneuries de quelque nom, titre, qualité et nature qu'ils puissent être ; jouir de tous les honneurs, prérogatives, privilèges, franchises, libertés, exemptions et immunités, dont jouissent les autres gentilshommes de notre royaume, comme s'ils étaient d'ancienne et noble race, tant qu'ils vivront noblement et ne feront acte dérogeant : permettons au dit sieur Jean-Bart et sa postérité, de porter les écussons et armoiries timbrées, telles qu'elles sont ci-après empreintes avec fa-

culté de charger l'écusson de ses armes d'une
fleur de lys d'or, à fond d'azur, que nous lu:
avons concédée et concédons par ces présentes,
en mémoire et considération de ses signalés services ; et celles de faire peindre, graver et inscul-
ter en ses maisons, terres, seigneuries à lui ap
partenantes, ainsi que bon lui semblera, san:
que, pour raison de ce, il soit tenu de nous payer
et à nos successeurs aucune finance ni indem-
nité, dont nous l'avons déchargé et déchargeons;
et en tant que de besoin serait, nous lui en
avons fait et faisons don et remise par ces dites
présentes. Si donnons en mandement à nos
amés et féaux, les gens tenant notre cour de
parlement. Donné à Versailles, au mois d'août,
l'an de grâce 1694, de notre règne le cinquante-
deuxième. »

Les armes du chevalier Jean-Bart sont un
fond d'argent, mi-partie d'une barre d'azur, sur
laquelle est une fleur de lys d'or ; au-dessus de
la barre il y en a deux autres de sable en sau-
toir, et au-dessus de la barre est un lion de
gueules, marchant à droite, cargué en tête de
front flamboyant, au-dessus une main tenant
un sabre nu.

Jean-Bart s'ennuyait dans l'inaction; il

sortit de Dunkerque le 13 juillet de la même année, avec quatre vaisseaux, alla croiser sur les côtes d'Angleterre ; rencontra un paquebot le poursuivit jusqu'à l'embouchure de la Meuse, où il se jeta dans une flotte de vingt-quatre navires escortée par trois frégates, l'une de quarante-deux pièces de canon, l'autre de vingt-quatre, la troisième de seize. La première revira sur l'escadre de Jean-Bart ; mais le vent était violent, ses canons étaient mal amarrés, l'eau entra par les sabords, la fit couler à fond. De deux cents hommes, tant d'équipage que passagers, on n'en put sauver que quinze qu'on amena à Dunkerque. Ils déclarèrent que la frégate qui avait péri était chargée de vingt-trois caisses, dont vingt-deux étaient remplies de lingots d'argent et la vingt-troisième de lingots d'or, pour le compte des marchands hollandais ; qu'on évaluait cette perte à un million. Jean-Bart attaqua les deux autres frégates, qui, après un léger combat, s'échouèrent : pendant ce temps, la flotte marchande se jeta dans la Meuse.

Au mois de nombre 1694, il partit encore de Dunkerque avec son escadre, pour aller en Norwége chercher dix-sept vaisseaux chargés de grain; les emmena, sans avoir rencontré même un vaisseau ennemi. Son nom seul les effrayait : ils n'osaient se trouver dans les endroits par où il devait passer.

Ce grand homme donnait du courage à tous les habitants de Dunkerque : ils désolaient les Anglais et les Hollandais par les prises continuelles qu'ils faisaient sur eux. Gaspard Bart, frère du célèbre Jean-Bart, avait armé un vaisseau en course. Il sortait souvent de Dunkerque, et n'y rentrait jamais qu'avec des prises considérables.

Les Anglais et les Hollandais formèrent le projet de détruire cette ville, firent un armement formidable, dépensèrent des sommes immenses. Ils avaient résolu de tout sacrifier pour se mettre à l'abri des pertes qu'ils essuyaient tous les jours de la part des Dunkerquois et se débarrasser des inquiétudes continuelles qu'ils leur causaient. Le roi en fut informé, et envoya ordre à Jean-Bart de désarmer, afin de mettre toutes les batteries en état de défense. Le 4 août 1695, les ennemis envoyèrent huit vaisseaux de guerre mouiller dans la fosse du vieux Mardic, éloignée d'une lieue de la ville.

On donna ordre aux habitants de transporter, le plus promptement possible, dans la

basse ville, le brai, le goudron, la paille, et
les autres matières combustibles. On mit des
cuves, des barriques remplies d'eau dans les
rues, devant les portes des maisons, pour s'en
servir en cas de besoin. On dressa une batterie
de plusieurs pièces de canon sur l'Estran, vers
la haie des roseaux qui renferme l'esplanade du
côté de l'est. Le 5, les ennemis ne firent aucun
mouvement. Le 6, au matin, l'amiral Barklay,
qui conduisait cette expédition, fit tirer quatre
coups canon qui étaient le signal d'appareiller.
On vit, à l'instant, plus de trente navires à la
voile. A midi, toute la flotte mouilla entre les
bancs. Sur le soir, il arriva à Dunkerque plusieurs
régiments de cavalerie, pour garder la batterie
qui était établie sur l'Estran et s'opposer à une
descente, si les ennemis tentaient de la faire.

Les jours suivants, les ennemis ne firent
aucune entreprise. Le 11, à sept heures du
matin, ils entrèrent dans la rade : leur flotte
était composée de cent douze vaisseaux, tant
grands que petits. A huit heures les galiottes à
bombe commencèrent à tirer, mais sans aucun
effet, à cause de leur éloignement. Elles allèrent
mouiller devant le fort de l'ouest, formèrent un
croissant à la portée du canon de ce fort. Les
frégates mouillèrent derrière et dans les inter-

vailes. On confia à Jean-Bart la garde du fort de Bonne-Espérance, situé à l'ouest du port et le plus exposé. Il s'y transporta avec son fils aîné qui ne le quittait jamais. On envoya M. de Sainte-Claire, aussi capitaine de vaisseau, au Château-Vert du côté de l'est.

M. Derlingue, chef d'escadre, qui commandait la marine à Dunkerque, détacha neuf chaloupes canonières, sous les ordres du chevalier Montgon, pour aller se poster le long des côtes, du côté de l'ouest, et au vent des forts, pour couper les brûlots et les machines que les ennemis tenteraient de faire dériver sur ces forts. Il en posta neuf autres entre les deux têtes des jetées, sous le commandement du marquis de Château-Renaut, afin de les avoir à sa disposition, dans un cas de besoin. Il fit placer, dans ce même endroit, un ponton avec quelques pièces de canon de vingt-quatre, qui tiraient à fleur d'eau. Il était commandé par M. de la Ferrière.

Depuis neuf heures du matin, jusqu'à trois heures après midi, les ennemis bombardèrent Dunkerque sans relâche. Vers les trois heures l'amiral anglais mit un pavillon rouge à son mât d'avant. A ce signal, plusieurs bâtiments appareillèrent. M. de Relingue se mit dans une des chaloupes qu'il avait fait mouiller à la tête des jetées : se fit suivre par les huit autres ; alla joindre celles qui étaient le long des côtes. Il ordonna au chevalier de Montgon de rester à son poste avec dix chaloupes qu'il fit avancer : d'observer les brûlots et les machines des ennemis ; et avec six autres, armées de canon, soutenues par un pareil nombre à simples pierriers, commandées par le marquis de Château-Renaut, il alla droit à celles des ennemis ; lâcha plusieurs coups de canon sur celles qui étaient le plus avancées ; mais elles firent un feu si terrible sur lui, qu'elles l'obligèrent de se retirer.

Les galiottes à bombes des ennemis, ne cessaient, pendant ce temps, de tirer sur Dunkerque : mais la mer monta, le vent augmenta ; alors les ennemis n'eurent plus la facilité d'ajuster leurs coups. Sur les quatre heures, leurs frégates mirent à la voile, s'approchèrent à la portée du canon des fort, firent sur eux un feu terrible, pour favoriser l'effet des brûlots qu'on se proposait d'envoyer contre les forts des deux têtes ; mais l'intrépide et infatigable Jean-Bart, imité par M. de Sainte-Claire, en fit sur ces frégates un qui était encore plus terrible ; les força de s'éloigner.

Les ennemis lâchèrent un brûlot qui avait à tribord une grande chaloupe montée de six hommes, qui se tenaient debout, mirent promptement le feu au brûlot et se retirèrent pour éviter celui des chaloupes de Dunkerque. Aussitôt que le chevalier de Montgon aperçut le brûlot qui faisait sa route en lâchant une fumée épouvantable, il avança avec intrépidité sur lui; y fit jeter les grapins; le remorqua jusqu'à un endroit fort éloigné, où il brûla sans faire aucun mal.

Peu de temps après, les ennemis firent partir un second brûlot, qui alla, en répandant autant de fumée que l'autre, vers le château de Bonne-Espérance, Jean-Bart qui y commandait, fit tirer tant de coups de canon sur ce brûlot, qu'il dévira, brûla encore sans faire aucun mal. On en envoya deux autres; mais les canons des forts et des chaloupes de Dunkerque les détournèrent encore; ils allèrent brûler, comme les autres, dans des endroits où ils ne causèrent aucun dommage.

Les ennemis, voyant que toutes leurs tentatives étaient inutiles, songèrent à se retirer vers six heures et demie du soir. Ils avaient lancé sur **Dunkerque** douze cents bombes, sans compter les carcasses qui n'avaient causé que très peu

de dommage à cette ville et à ses forts. Ils espé-
raient de la détruire ; mais Jean-Bart avait ins-
piré son courage aux Dunkerquois : ils bravèrent les dangers , rendirent impuissants tous les
efforts des Anglais et des Hollandais ; et changè-
rent leur espoir de réussir , en dépit d'avoir
échoué.

Vers la fin de 1693, ils avaient tenté de détruire Saint-Malo, dont les habitants, rivaux de
ceux de Dunkerque, ruinaient leur commerce;
mais ils n'avaient pas mieux réussi.

Louis XIV avait l'âme trop grande pour ne
pas donner des marques de satisfaction à un
homme dont on lui vantait continuellement les
exploits : il fit deux mille livres de pension à
Jean-Bart , éleva son fils à la dignité de lieutenant de vaisseau. Le jeune Bart était déjà un
héros : il imitait son père , se précipitait au milieu des hasards avec la même intrépidé.

Le roi voulait ajouter à la gloire immortelle
dont il jouissait, par les merveilles qui s'étaient
opérées sous son règne , celle de rétablir
Jacques II sur le trône d'Angleterre : il fit faire de
grands préparatifs à Dunkerque et à Calais, pour
le reconduire en Angleterre ; crut que Jean-Bart
était seul capable de remplir un projet de cette
importance ; lui en confia l'exécution. Les An-

glais et les Hollandais furent avertis des desseins du roi de France ; firent de nouveaux efforts pour les faire échouer, mirent en mer une flotte de plus de soixante voiles, sous les ordres de l'amiral Russel, qui alla croiser dans la Manche. On crut qu'il serait imprudent d'exposer Jacques II à un danger aussi grand : il était déjà à Calais, tout prêt à s'embarquer. Mais, étant instruit des préparatifs que les ennemis avaient faits contre lui, il retourna à Saint-Germain.

Louis XIV, voyant que les vaisseaux qui étaient à Dunkerque ne pouvaient servir à leur destination, envoya ordre à Jean-Bart d'armer une escadre de sept vaisseaux et un brûlot ; d'aller croiser dans la mer du Nord. Les Anglais et les Hollandais avaient bloqué le port de Dunkerque avec quatorze vaisseaux de guerre, pour empêcher que les armateurs de ce port ne sortissent, ne continuassent de désoler leur commerce, et y retenir le redoutable Jean-Bart enfermé. Ce grand homme impatient de contenter les désirs d'un monarque qui ne se lassait point de lui donner des marques de bonté, résolut de sortir, de braver tous les dangers... il monta sur une hauteur ; examina comment les vaisseaux ennemis étaient arrangés, fit ses préparatifs pour partir ; mit à la voile, la nuit du 17 au 18 mai 1696, avec son escadre et trois armateurs de Dunkerque, qui voulurent partager les dangers avec lui, participer à sa gloire. M. du Vergier, commissaire général de la marine, s'embarqua sur le vaisseau que montait Jean-Bart. Cet homme intrépide passa encore le premier juin au travers des vaisseaux ennemis, par les intervalles, ayant le boute-feu à la main ; alla croiser vers le Nord, sur la route qu'il croyait que devait tenir la flotte Hollandaise dans la mer Baltique.

Dans cette croisière, il arriva une chose assez plaisante. M. du Vergier se plaignit à Jean-Bart que l'on consommait beaucoup de suif pour sonder, et qu'il croyait que ceux qui étaient chargés de ce soin en volaient. On sait que la sonde d'un vaisseau est un morceau de plomb attaché à une ficelle, on l'enduit de suif, on le laisse tomber à la mer, et on voit, par ce que le suif rapporte, lorsqu'on relève le plomb, sur quel fond on est. Jean-Bart avait l'âme trop élevée pour descendre à ces défiances minutieuses. Il lui dit : « Que voulez-vous qu'ils fassent de ce suif ? on en dépense beaucoup, car il faut souvent sonder sur ces parages-ci qui sont remplis d'écueils. Au reste, je vous ferai avertir toutes les fois qu'on sondera. » Comme c'était à l'entrée

de la nuit, M. du Vergier alla se coucher. Jean-
Bart ordonna qu'on jetât très-souvent la sonde,
et qu'on avertit M. du Vergier toutes les fois
qu'on le ferait. On lui obéit, et M. du Vergier,
voyant qu'on l'éveillait à chaque instant, dit :
« qu'on sonde tant qu'on voudra et qu'on me
laisse dormir. » On rapporta son propos à Jean-
Bart qui en rit. Le lendemain il dit à M. du Vergier : « il ne faut pas croire que des hommes
qui ont le courage d'exposer leur vie au milieu
des hasards, sont capables de bassesses. »

Il aperçut la flotte ennemie ; l'envoya reconnaître par les armateurs qui l'avaient suivi.
Elle était composée de cent six navires marchands, escortés par cinq vaisseaux de guerre.
Ceux qui étaient allés reconnaître cette flotte,
causèrent beaucoup d'inquiétude aux équipages
Hollandais ; mais leurs hautes-puissances leur
avait donné ordre de se hâter d'arriver en Hollande ; ils continuèrent leur route. Jean-Bart
jugeant qu'il lui serait plus facile de s'emparer
de cette flotte, près du port où était sa destination, qu'en pleine-mer, la laissa avancer tranquillement. Elle arriva le 18 juin à la vue des
côtes de Hollande, se crut échappée au danger.
Jean-Bart, qui ne la perdait point de vue, donna
promptement ordre aux armateurs qui l'avaient

suivi, de couper les vaisseaux marchands de la
flotte, pendant qu'il attaquerait les cinq d'escorte.
Il tomba tout-à-coup dessus ; attaqua lui-même
le plus fort ; blessa à mort le capitaine Baching,
qui le commandait, tua un grand nombre d'hommes de l'équipage. Ceux qui commandait les au-
res frégates, l'imitèrent ; les cinq escortes furent prises à l'abordage. Pendant le combat, les
armateurs de Dunkerque enlevèrent quarante-
cinq vaisseaux de la flotte hollandaise. A peine
cette action était-elle finie, que Jean-Bart
aperçut treize vaisseaux de guerre qui allaient
au nord et appareillaient sur lui. Ne se trouvant
pas assez fort pour leur résister, il brûla quatre
vaisseaux de guerre qu'il avait pris ; mit dans le
cinquième leurs équipages, qui montaient à
douze cents hommes ; en ôta le pavillon, mouil-
'a les poudres, encloua le canon, le laissa aller,
à condition qu'on le ramènerait à Dunkerque,
et retint deux capitaines en ôtage. Il brûla en
outre trente vaisseaux marchands qui refusaient
de payer leur rançon ; prit le vent sur les ennemis, avec les quinze autres vaisseaux marchand:
qui étaient richement chargés ; rentra triom-
phant dans Dunkerque. Il amena avec lui plusieurs habitants de cette ville que les Hollandais
retenaient malgré eux, et quelques Italiens qui
demandèrent à servir sous lui.

Lorsque le vaisseau qui portait les équipages arriva à Amsterdam, on conduisit les blessés à l'hôpital. Le peuple, en les voyant passer, tomba dans une consternation à laquelle bientôt la fureur succéda. On voulait piller les maisons des officiers de l'amirauté : on les accusait d'être cause des pertes continuelles qu'on essuyait dans le commerce ; on entendait dire dans tous les quartiers de la ville : *Ce Jean-Bart est donc un démon auquel rien ne peut résister.* Ces plaintes de la part des ennemis de la France, mieux que ce qu'on peut dire, faisaient l'éloge de ce grand capitaine. On assure que son nom seul était l'épouvante dans toute la Hollande : que si quelqu'un criait *Voilà Jean-Bart,* tous ceux qui l'entendaient regardaient promptement par où ils s'enfuiraient. Les officiers, pour apaiser ces murmures, ces cris, firent passer au travers d'Amsterdam sept matelots d'un petit bâtiment français qu'on avait pris depuis peu. Le peuple regardait avec mépris cette ridicule parade ; s'irritait encore davantage, et disait : *Voilà le dédommagement des pertes considérables qu'on essuie tous les jours.*

Jean-Bart ne resta pas longtemps à Dunkerque, il en sortit bientôt avec son escadre ; retourna croiser dans la mer Baltique ; effraya tellement les Hollandais, qu'il ne partit cette année que quarante vaisseaux de leurs ports pour la pêche du hareng, au lieu de quatre à cinq cents qu'ils avaient coutume d'y envoyer. Ils avaient équipé une flotte considérable, chargée de marchandises pour la Russie ; lorsqu'ils apprirent que Jean-Bart était dans la mer Baltique avec son escadre, ils envoyèrent ordre à la flotte de se retirer dans un des ports de Norwége, quoiqu'elle fût escortée par huit vaisseaux de guerre ; de prendre toutes les précautions nécessaires pour revenir en Hollande ; ce qu'elle fit. Ainsi Jean-Bart fut cause que cet armement, dont ils avaient espéré tirer un grand avantage par les échanges qu'ils croyaient faire en Russie, leur devint fort onéreux. Ils avaient coutume d'envoyer quatre fois par an une grande flotte marchande dans la mer Baltique ; elle n'y alla cette année qu'une fois, avec une escorte considérable. Pour s'opposer aux ravages de Jean-Bart, ou le prendre si l'on pouvait, ils entretinrent, pendant cinq mois, cinquante-deux vaisseaux, divisés en trois escadres. Lorsque Jean-Bart manqua de vivres, qu'il fut obligé de retourner à Dunkerque, il passa entre deux de ces escadres ; leur échappa avec une adresse admirable. Il était aussi adroit à éviter les dangers, que hardi à les braver.

Le 27 avril 1697, le roi nomma Jean-Bart
chef d'escadre ; lui envoya ordre d'armer sept
vaisseaux de guerre qui étaient à Dunkerque ;
de se tenir prêt à partir. La Pologne venait de
perdre un des plus grands rois qu'elle eût eu :
Jean Sobieski était mort le 17 juin de l'année
précédente. Plusieurs prétendant à la couronne
de Pologne, se présentèrent ; le prince de Conti,
Frédéric-Auguste, électeur de Saxe, Jacques,
fils de Jacques II, roi d'Angleterre, le prince
Charles de Neubourg, frère de l'électeur Pala-
tin ; Léopold, duc de Lorraine ; Louis, prince
de Bade ; Livio Odeschalli, neveu du pape Inno-
cent XI. Les suffrages du champ électoral ne se
trouvèrent partagés qu'entre le prince de Conti
et Frédéric-Auguste. Le primat du royaume était
pour le prince de Conti. Louis XIV, qui avait
la guerre à soutenir contre ses voisins, ne se
pressait pas de fournir au prince de Conti les
secours qui lui étaient nécessaires pour monter
sur le trône de Pologne : mais le primat écrivit
à sa majesté d'une manière si pressante, qu'il
se détermina à envoyer le prince en Pologne.
Elle manda à Jean-Bart qu'elle confiait son parent à sa prudence et à ses soins ; de se tenir
prêt à le conduire en Pologne. Le prince arriva
le 5 de septembre à Dunkerque, accompagné

des chevaliers d'Angoulême, de Sillery et de Lauzon, portant avec lui huit cent mille livres en or, un million de pierreries, et deux millions de lettres de change.

Il s'embarqua le 6 au soir, sur l'escadre de Jean-Bart : elle était composée de six vaisseaux et d'une frégate. Le 7, elle passa devant Ostende, fit sa route pendant la nuit, échappa à dix-neuf vaisseaux de guerre ennemis qui s'étaient postés au nord de Dunkerque pour s'opposer à son passage. Au point du jour elle en rencontra deux autres à voile, et neuf mouillés entre la Meuse et la Tamise. Jean-Bart se tint sur la défensive et continua fièrement sa route.

Lorsque le danger fut passé, le prince de Conti lui dit : *s'ils nous avaient attaqués, ils auraient pu nous prendre.* Jean-Bart lui répondit avec sang-froid ; *Cela était impossible. Comment auriez-vous fait?* répliqua le prince. Jean-Bart répondit encore : *Plutôt que de me rendre, j'aurais fait mettre le feu au vaisseau ; nous aurions sauté en l'air, et il ne nous aurait pas pris. Mon fils avait ordre de se tenir à la Sainte-Barbe, tout prêt à y mettre le feu au premier signal.* Le prince de Conti frémit, lui dit · *le remède est pire que le mal : je vous défends d'en*

Jean-Bart.

6

*faire usage tant que je serai sur votre vais-
seau.*

La flotte arriva le 10 au matin, entre le cap
Erneuse en Norwége, et le Velckeren. Alors la
frégate, qui était commandée par M. de Nogent,
reprit la route de France pour porter au roi
des nouvelles du voyage et lui annoncer que le
prince était hors de tout danger.

Le 13, Jean-Bart mouilla près d'Elzeneur. Le
14, à cinq heures du soir, il passa devant le château de Cronembourg, qui commande le détroit
du Sund. Le roi, la reine de Danemarck, les
princes et toute la cour se trouvèrent sur la
terrasse du bastion, pour voir passer son altesse. La flotte fut obligée, pour suivre sa route,
de s'en approcher à deux portées de fusil. Après
les salves ordinaires de part et d'autre, le prince
de Conti fit saluer leurs majestés de quinze coups
de canon, auquel le château répondit par neuf.
L'escadre resta deux jours devant Copenhague;
en partit le 17 : mais elle n'arriva que le 26 à la
rade de Dantzik, parce qu'elle eut le vent con-
traire. Plusieurs évêques et grands seigneurs
allèrent saluer le prince de Conti; lui firent
beaucoup de promesses.

Le 13 octobre, on tint une assemblée générale

à Oliva ; mais il ne s'y passa rien qui répondit aux espérances qu'on avait données à son altesse. Elle s'aperçut qu'il faudrait dépenser des sommes considérables ; répandre beaucoup de sang, et peut-être sans obtenir la couronne à laquelle elle était appelée.

Le prince remonta sur l'escadre de Jean-Bart, qui mit aussitôt à la voile, arriva à Dunkerque le 10 décembre 1697. L'électeur de Saxe réussit à mettre le primat de Pologne dans ses intérêts ; fut proclamé roi, sous le nom d'Auguste II.

Toutes les puissances belligérantes, fatiguées de la guerre, firent le traité de paix de Ryswik. La France reconnut le prince d'Orange roi d'Angleterre, sous le nom de Guillaume III.

Jean-Bart profita de la paix pour se reposer au milieu de sa famille des fatigues qu'il essuyait depuis un temps considérable. Il allait avec sa femme et ses enfants passer des semaines entières chez Nicolas Bart, curé de Drinckam dans a Châtellenie de Bergue Saint-Vinoc, et son proche parent ; il lui disait, en arrivant : « Cousin, je viens passer quelques jours avec vous, mais à condition que je ne vous serai point à charge. Vous ne mettrez point de pot-au-feu, aussi longtemps que je serai chez vous ; c'est moi qui fait la dépense ici : vous aurez bouche à cour. »

Le curé de Drinckam était un homme de mérite. Il mourut en 1720, âgé de 68 ans, supérieur du séminaire de Bergue. Jean-Bart et lui s'aimaient et s'estimaient réciproquement, ce qui leur faisait honneur à tous deux, et ce qui montre que la religion ne fait qu'ennoblir les vrais grands hommes et rehausser leurs mérites.

La guerre s'étant rallumée en 1702, au sujet de la succession d'Espagne. Louis XIV, qu s'attendait à voir l'Allemagne, l'Angleterre, la Hollande se réunir contre lui, fit les préparatifs nécessaires pour se défendre, et placer son petit-fils sur le trône d'Espagne. Il envoya ordre dans tous les ports, d'armer tous les vaisseaux qui s'y trouvaient. Sa majesté chargea Jean-Bart d'armer une escadre qui était à Dunkerque ; d'en prendre le commandement : lui envoya un fort beau vaisseau de soixante dix pièces de canon, nommé le *Fendant*, nouvellement construit au Havre. Ce brave officier, toujours occupé du soin de mériter les bontés du roi, travailla avec ardeur à mettre son escadre en état d'aller en mer ; fut atteint d'une pleurésie qui le mit au tombeau le 27 avril. Il était alors dans sa cinquante-deuxième année. Le roi fut pénétré de douleur, lorsqu'il apprit la mort de Jean-Bart. La nouvelle se répandit bientôt dans toute l'Europe : elle causa une tristesse générale dans la France. Les ennemis mêmes rendirent à son maître le tribut d'éloges qui lui était dû. Tous les habitants de Dunkerque versèrent des pleurs sur son tombeau. Il fut enterré dans la grande église de cette ville. On voit son épitaphe au second pilier à main gauche du cœur. Elle est conçue en ces termes :

CI-GIT,

MESSIRE JEAN-BART,

EN SON VIVANT CHEF D'ESCADRE DES ARMÉES DU ROI,

CHEVALIER DE L'ORDRE

MILITAIRE DE SAINT-LOUIS, NATIF DE

CETTE VILLE DE DUNKERQUE,

DÉCÉDÉ

LE 27 AVRIL 1702,

DANS LA CINQUANTE-DEUXIÈME ANNÉE DE SON AGE,

DONT IL A EMPLOYÉ VINGT-CINQ AU SERVICE

DE SA MAJESTÉ ;

ET

MARIE JACQUELINE TUGGHE,

SA FEMME,

AUSSI NATIVE DE CETTE VILLE,

QUI MOURUT

LE 5 FÉVRIER 1719,

AGÉE DE CINQUANTE-CINQ ANS.

Tous ceux qui allaient à Dunkerque, murmuraient intérieurement, en voyant que cette épitaphe était le seul monument que cette ville eût érigé aux cendres d'un héros, qu'il était glorieux pour elle de compter parmi ses concitoyens. Les Dunkerquois d'aujourd'hui se proposent de réparer le tort de leurs aïeux : ils vont faire élever une pyramide sur sa tombe (1).

Si Jean-Bart était né parmi les Spartiates, les Athéniens ou les Romains, ils lui auraient élevé une statue ; l'auraient représenté avec les habits qu'il portait lorsqu'il allait contre les ennemis de la patrie. Leurs jeunes guerriers allaient regarder les statues des héros et s'enflammaient du désir de les imiter.

Louis XIV donna une preuve authentique du cas particulier qu'il faisait des talents de ce grand marin. Sa majesté fit délivrer à sa femme et à ses enfants un brevet de pension de 2000 livres. Le brevet est conçu en ces termes:

(1) Ce vœu a été accompli le 7 septembre 1845, au milieu d'une fête splendide. Dunkerque a érigé sur une de ses plus belles places, la statue monumentale du héros. *(Note des Éditeurs.)*

Brevet de deux mille livres de pension pour la dame Bart et ses enfants.

« Aujourd'hui, deuxième du mois de mai 1702,
le roi étant à Marli et voulant gratifier et favo-
rablement traiter dame Marie-Jacqueline Tugghe, veuve du sieur Bart, vivant chef d'escadre des armées navales de sa majesté : les sieurs
Jean-Louis Bart, Ignace Bart et les demoisel-
les Jeanne-Marie Bart, Magdeleine-Marie Bart
Marie-Françoise Bart, et N. Bart, tous enfants du dit sieur Bart et de ladite Marie-
Jacqueline Tugghe, en considération des
services du dit feu sieur Bart, sa majesté leur
a accordé et fait don de 2000 livres de pension
annuelle, qu'elle veut leur être payée, leur vie
durant, sur les simples quittances de la dite
veuve, par les gardes de son trésor royal, présent et à venir, à commencer de ce jour, et
après sa mort, aux dits enfants, par accroissement aux survivants ; et, en cas que ladite
veuve se remarie, sa majesté veut qu'elle en
soit privée et que les dits enfants jouissent
entièrement de la dite pension. Et pour témoignage de sa volonté, sa majesté m'a commandé de lui expédier le présent brevet qu'elle

» a voulu signer de sa main et être contresigné
» par moi conseiller, secrétaire d'état et de ses
» commandements et finances.

» Signé : LOUIS,

» et plus bas : PHELIPEAUX. »

C'était au nom seul de Bart que Louis XIV
accordait ses bienfaits, puisqu'il voulait que sa
veuve en fût privée, si elle venait à en changer.

Jean-Bart était grand, bien pris dans sa taille
avait l'air robuste ; semblait fait pour résister
aux fatigues de la mer. Tous ses traits étaient
bien formés ; il avait la physionomie agréable,
le tint fort beau, les yeux bleus, grands, bien
fendus, les cheveux blonds. Il était sobre, parlait peu, était modeste et répondait à ceux qu'il
entendait faire son éloge : *C'est la fortune qui
m'a favorisé ; ceux qui m'ont secondé, méritent autant que moi.* Il était naturellement
doux ; ne s'irritait que quand il était offensé.
Enfin il avait l'esprit juste et beaucoup de bon
sens ; mais il n'avait aucun usage du monde.
Jean-Bart était actif, vigilant, toujours prêt à
agir ; le repos l'ennuyait. Ces qualités étaient
soutenues par une valeur et un courage à toute

épreuve, mais toujours guidés par la prudence. Il bravait les dangers lorsque la nécessité l'y obligeait ; les évitait quand il n'en pouvait retirer ni gloire ni avantage. On le vit plusieurs fois passer au travers des flottes ennemies, assemblées pour l'arrêter. Avec des forces beaucoup inférieures, il attaqua les ennemis, enleva les vaisseaux marchands et les vaisseaux de guerre chargés de les escorter. L'expédition qu'il fit en 1694, établit la joie dans la France, désolée par la famine. Le nom de Jean-Bart était un épouvantail pour les Anglais, les Hollandais, les Espagnols. Son usage était d'essuyer la bordée de l'ennemi ; de ne lâcher la sienne qu'à la portée du pistolet ; de monter aussitôt à l'abordage. Une mort prématurée l'enleva à la gloire qui l'attendait encore ; la gloire l'a vengée ; elle lui a donné l'immortalité.

Ce grand homme, sans fortune, sans appui, monta aux plus hautes dignités de la marine : ses actions seules parlèrent pour lui. Sa vie doit servir de modèle à ceux qui suivent la même carrière que lui, les exciter à braver l'envie.

Il se maria deux fois ; la première, à Nicole Conticr, d'une honnête famille de Dunkerque,

de laquelle il eut un fils nommé François Bart,
la seconde, à Marie Jacqueline Tugghe aussi
d'une très honnête famille de Dunkerque. Il
eut de celle-ci six enfants, deux garçons et
quatre filles. Les deux garçons étaient Jean-
Louis Bart, mort à Dunkerque, garde de la
marine; Ignace Bart, mort à la Martinique,
lieutenant de vaisseau en 1766. Ils n'ont laissé
de postérité ni l'un ni l'autre. Les filles étaien
Jeanne Marie, qui avait épousé M. de Ligni,
lieutenant-colonel au régiment d'Agenois; ils
ont laissé deux garçons actuellement au service; Marie-Madelaine qui avait épousé le baron
de la Barthe de Thermes, descendant du maréchal de Thermes, morte à Sarlat en Périgord,
le 18 juin 1781. Elle a laissé une fille mariée au
marquis de Carbonnier, et qui a laissé plusieurs
enfants. Marie-Françoise, qui avait épousé
M. de Cadouche, premier lieutenant au régiment des Gardes-Suisses, avec commission de
colonel. La quatrième, N*** Bart.

François Bart, fils ainé de Jean-Bart, marcha sur les traces de son père, et soutint la
gloire de ce nom célèbre. Il accompagna son
père dans presque tous ses combats; se trouva
à onze abordages avec lui, et à huit après sa

mort, ce qui fait dix-neuf. Il n'a peut-être jamais existé d'officier de marine qui ait tant de fois exposé sa vie. Il mourut le 25 avril 1755, vice-amiral.

On peut dire que la valeur était naturelle dans la famille des Bart, Gaspard Bart, frère de Jean-Bart, se distingua dans la marine de Dunkerque par un nombre considérable de prises qu'il fit sur les Anglais et les Hollandais : son fils l'imita. Son petit-fils, Pierre Bart, marcha sur leurs traces et eut une fin glorieuse.

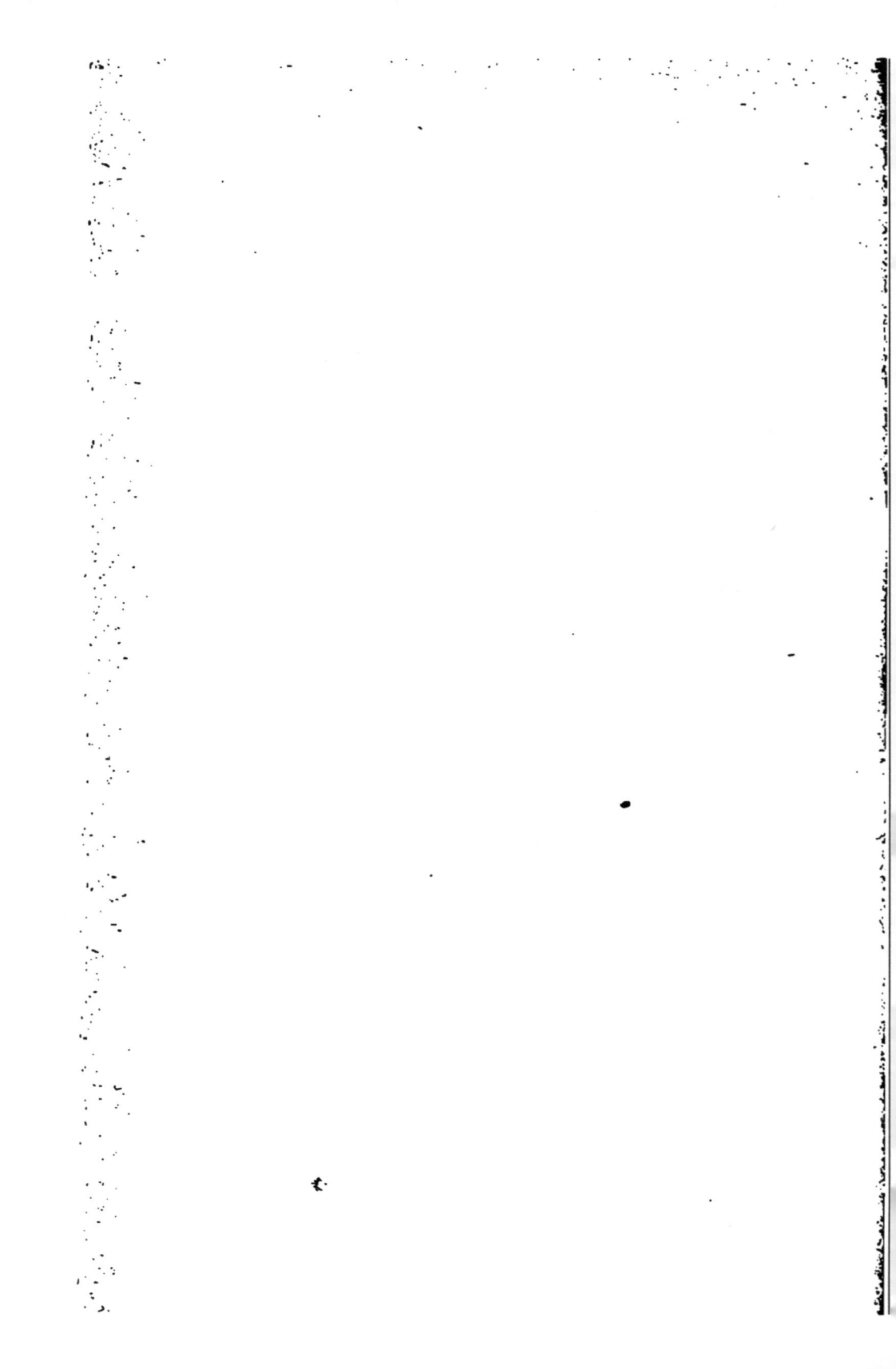

PARALLÈLE

DE JEAN-BART ET DE DUGAY-TROUIN.

Deux hommes d'une activité et d'un courage extraordinaire, parurent presque en même temps dans la marine de France. Jean-Bart et Dugay-Trouin, par des exploits éclatants, effrayèrent les ennemis de leur monarque, et le monde entier fut rempli de leur nom. Suivons-les dans leur carrière ; examinons leurs actions, et voyons lequel tient le premier rang dans l'histoire. Tous deux naquirent dans des ports peuplés de guerriers redoutables, Dunkerque et Saint-Malo : tous deux entendirent dès leur enfance, la renommée publier les combats, les victoires de leurs compatriotes ; tous deux désiraient que l'âge se hâtât de leur donner des forces, pour aller chercher la gloire au milieu des hasards.

Jean-Bart est à peine sorti de l'enfance, qu'il craint qu'une tendresse maternelle ne le retienne dans l'oisiveté toujours insupportable à un jeune homme bouillant et actif; il veut agir, parce qu'il veut devenir un grand homme. Il va se présenter au héros de la Hollande, à Ruiter; accepte les derniers emplois de la marine; son courage, son exactitude l'élèvent bientôt aux premiers. Il apprend que toutes les puissances de l'Europe s'arment contre sa patrie; il se hâte de venir lui offrir son bras ; marche contre ses ennemis ; les bat autant de fois qu'il les attaque.

Dugay-Trouin est destiné, dès son enfance, à un état tout opposé à celui que son caractère impétueux demande : on le destine à l'état ecclésiastique; on le met dans un collége; la vie uniforme et tranquille qu'on y mène le fatigue; il en désire une bruyante et active ; va la chercher à Caen. L'expérience lui manque; il se livre au torrent qui, dans les grandes villes, entraîne toujours la jeunesse bouilante vers le désordre ; forme des sociétés dangereuses et marche à sa perte. Voilà Dugay-Troin sur le bord du précipice ; il lui faut un mentor qui, alliant la sévérité avec la prudence, sache l'arrêter ; mais son père n'est plus. Son frère aîné, guidé par la tendresse, vole à son secours ; le ramène au milieu de sa famille. Il le met sur un vaisseau qu'il arme en course ; le dérobe aux périls qui menacent sa jeunesse : mais il le livre à ceux qui environnent, sans cesse, l'homme de mer. La fortune, qui destine Dugay-Trouin à être un héros, les lui fait tous essuyer, afin de l'accoutumer à les braver. Bientôt il déploie les plus grands talents pour la marine et paraît digne de commander même à ceux qui ont sur lui l'avantage de l'expérience. Le vaisseau qu'on lui confie devient un des plus redoutables de la marine française.

On vanta à la cour les exploits de Jean-Bart et de Dugay-Trouin ; le roi voulut les avoir dans sa marine ; leur donna à chacun un de ses vaisseaux à commander. Les bontés du monarque excitèrent encore leur zèle ; les registres de la marine furent bientôt remplis du nom des prises qu'ils faisaient. La fortune les abandonna cependant tous deux une fois : ils furent faits prisonniers et conduits en Angleterre; mais ils eurent l'adresse de briser leurs fers et de retourner dans leur patrie, sans échange et sans rançon.

Ils se vengèrent bientôt; attaquèrent, enlevèrent tous les vaisseaux ennemis qu'ils rencontrèrent; jetèrent la consternation dans l'Angleterre et dans la Hollande; ils détruisirent presque entièrement leur commerce : les vaisseaux marchands de ces deux nations n'osaient paraître en mer.

Il est certain que, dans une action, leur courage à tous deux allait jusqu'à l'intrépidité. Ils avaient tous deux la même manière de combattre, lâchaient leur bordées sur l'ennemi, se hâtaient d'aller à l'abordage; s'élançaient toujours les premiers sur le vaisseau qu'ils attaquaient, excitaient, par leur exemple, les soldats et les matelots, et triomphaient.

Il semble cependant que Jean-Bart inspirait encore plus de terreur aux Anglais et aux Hollandais que Dugay-Trouin; plusieurs fois il bloquèrent le port de Dunkerque pour l'y tenir enfermé et se mettre à l'abri de ses ravages, mais tous les moyens qu'ils employaient contre

lui ne servaient qu'à faire éclater son adresse et
son courage ; il écartait leurs vaisseaux par un
feu terrible, franchissait les obstacles qui, pour
un autre, auraient été insurmontables, allait à
de nouveaux triomphes. Louis XIV avait une
si haute idée de son courage et de sa capacité,
qu'il lui confiait les expéditions les plus importantes. Les mers du Nord sont couvertes de
vaisseaux de guerre ennemis, de corsaires ; on
charge Jean-Bart de conduire deux ambassa-
deurs, l'un en Suède, l'autre en Danemarck. Ils
passent au milieu des ennemis, arrivent à leur
destination.

Le prince de Conti, que les Polonais appellent
au trône de leur pays, veut que Jean-Bart l'y
mène. Louis XIV désire de rétablir Jacques II
sur le trône d'Angleterre ; c'est Jean-Bart qu'il
choisit pour cette importante expédition.

Plusieurs fois il alla chercher des blés en
Norwége, en Danemarck, et rétablit l'abondance dans sa patrie. Son expédition du 29 juin
1694, excita l'étonnement et l'admiration de
l'Europe entière. Tromper la vigilance des ennemis qui lui ferment le passage ; aller attaquer
une escadre composée de vaisseaux de guerre
plus nombreuse que la sienne ; en enlever une

partie ; reprendre cent trente navires chargés
de blés ; les amener dans sa patrie avec les vain-
cus chargés de chaînes, sont des prodiges de
prudence et de valeur.

La vie de Dugay-Trouin présente aussi une
multitude d'actions éclatantes ; on admire principalement son courage et sa fermeté, lorsqu'avec un seul vaisseau il se trouve au milieu
de vingt-un anglais. Il préfère la mort à la
honte de baisser son pavillon et d'être fait prisonnier, mais il veut entraîner le commandant
ennemi dans sa perte ; se prépare à l'attaquer.
La fortune vient à son secours, un vent impétueux souffle, il en profite avec adresse et célé-
rité, échappe au danger. Son expédition de
Rio-de-Janeiro est une des plus étonnantes que
l'histoire présente : on admire la grandeur du
projet, la hardiesse de l'entreprise, l'activité et
la prudence dans l'exécution. Louis XIV ne
voulut pas laisser parmi le vulgaire deux hommes qui s'étaient ennoblis eux-mêmes par leurs
actions éclatantes : il leur donna des lettres de
noblesse, de dignité ; les éleva aux premiers
grades de la marine.

Enfin, Jean-Bart et Dugay-Trouin ont
beaucoup contribué à illustrer le règne de

Louis-le-Grand ; ils méritent tous deux le titre de héros ; mais nous croyons que l'activité et l'intrépidité de Jean-Bart allaient encore au-delà de celles de Dugay-Trouin. Son nom inspirait plus de terreur aux ennemis ; il avait gagné la confiance du monarque, qui le chargeait des expéditions les plus hardies et les plus importantes. Ses victoires calmaient les inquiétudes du souverain, établissaient l'abondance parmi ses sujets que la famine avait jetés dans la consternation.

Un historien moderne reconte ainsi la prise de Rio-de-Janeiro par Dugay-Trouin. Ce fait glorieux aidera le lecteur à connaître aussi le caractère et la valeur de cet intrépide marin.

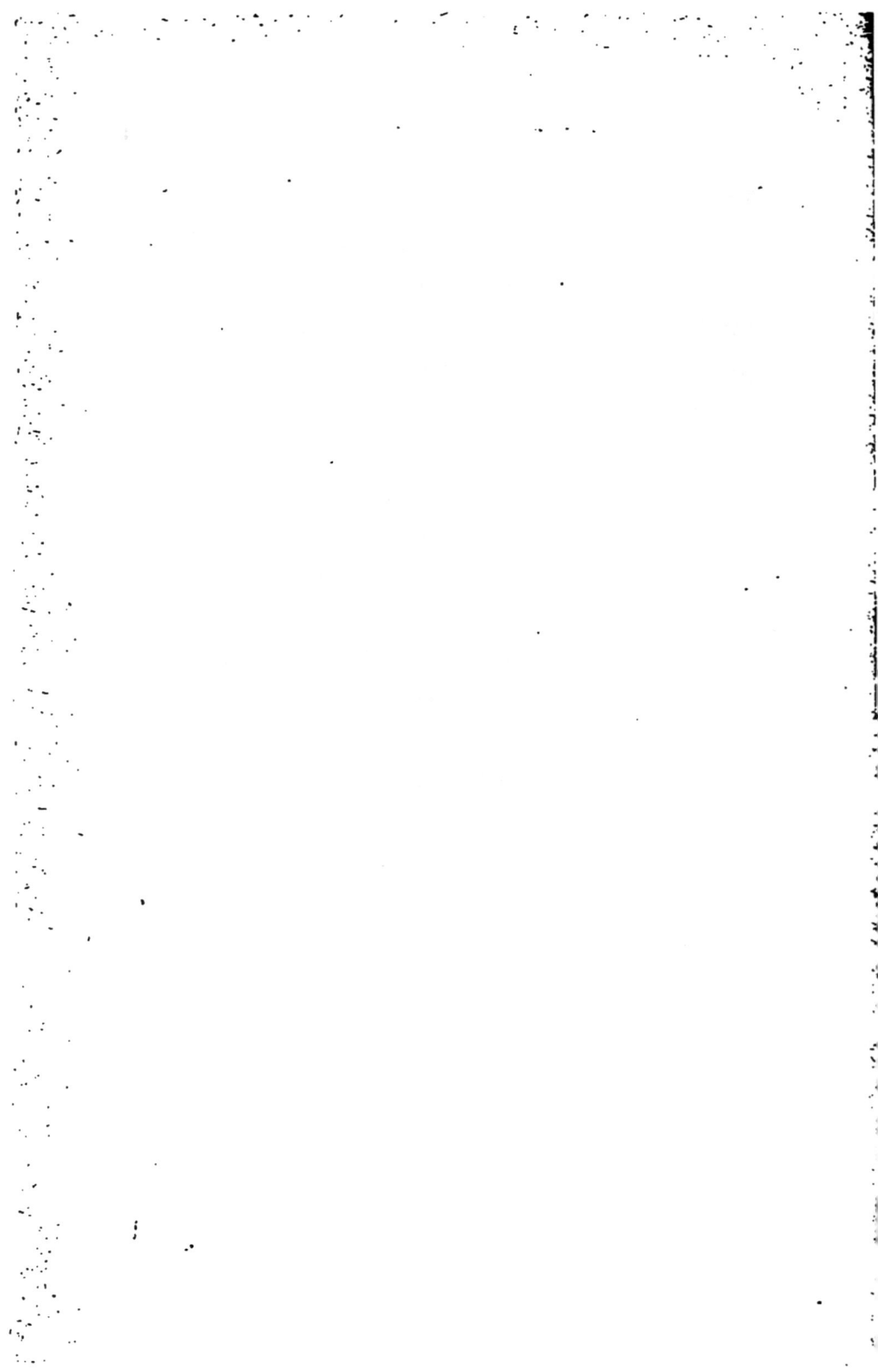

PRISE DE RIO DE JANEIRO PAR DUGAY-TROUIN.

PAR M. ALBERT GUILLEMOT.

Sur les côtes de Bretagne, en face des côtes anglaises, s'élève une petite ville noire et triste, mais dont le nom est à jamais gravé sur le *livre d'or* de notre marine : c'est Saint-Malo. Saint-Malo, autrefois la terreur de l'Angleterre, véritable nid d'aigles, d'où sont sortis Jacques Cartier, Dugay-Trouin, La Bourdonnaye et Surcouf! Aujourd'hui son port est presque désert; mais qu'elle était joyeuse, et quel tumulte sur la plage lorsque, en 1712, ses marins revenaient de Rio de Janeiro, la ceinture pleine de qua-

druples portugaises! lorsque Surcouf, en 1801,
jetait à la foule ébahie des poignées de guinées!
Chacun mangeait au plus vite ses parts de prise,
puis l'on reprenait gaîment la mer, tandis
que les armateurs remplissaient leurs coffres,
et les vidaient, en 1710, pour prêter *trente-trois
millions* à Louis XIV. C'est là que naquit, en
1673, le rival de Jean-Bart.

Dugay-Trouin est un corsaire mélancolique
Au premier abord les deux mots semblent ma,
à l'aise à côté l'un de l'autre, surtout pour tous
ceux qui ont l'habitude de donner aux corsaires
la tournure d'un flibustier des Antilles (1), et se
les représentent noirs de poudre, tachés de
vin et de sang, la ceinture hérissée d'armes, la
hache au poing, le blasphème aux lèvres. Ce
portrait convient au roman mais non pas à
l'histoire, qui doit, avant tout, respecter la
vérité.

(1) Des hommes de toutes nations vinrent, vers le
milieu du XVII° siècle, s'établir dans l'île de la Tortue,
près de Saint-Domingue, et firent au commerce espagnol
une guerre acharnée. On cite d'eux des traits de bra-
voure et d'audace incroyables. Parmi les flibustiers
français les plus célèbres sont Grammont, Nau l'Olonnais,
Michel le Basque, et surtout Montbars *l'Exterminateur-*

Dugay-Trouin avait donc un penchant naturel à la mélancolie : pendant des heures entières, il restait l'âme repliée sur elle-même et rêvant ; souvent, après lui avoir parlé, on s'apercevait qu'il n'avait ni écouté ni entendu. Il croyait aux rêves, aux pressentiments, à la prédestination, et subissait malgré lui l'influence de ces chimères. Mais le plus singulier, c'est que cet homme si brave éprouvait avant la bataille des tremblements involontaires ; il l'avoue lui-même ; mais ce sont là de ces frayeurs que l'on confesse volontiers. Elles disparaissaient aux premiers coups de canon, et alors éclatait une furie de courage qui emportait tout.

Son plus bel exploit est la prise de Rio de Janeiro, où il déploya les talents d'un grand homme de guerre. Nous étions alors en lutte avec toute l'Europe ; et tandis que Villars, Vendôme et Berwick soutenaient dignement sur terre l'honneur de la France, Dugay-Trouin résolut d'enlever au roi de Portugal, Rio de Janeiro, la ville la plus riche et la plus commerçante de l'Amérique du Sud. Lorsque ce projet fut connu dans nos ports, ce fut à qui se mettrait de l'expédition, et une compagnie d'armateurs se forma pour équiper une escadre. Au

mois de juin 1711, on avait réuni huit vaisseaux, quatre frégates, deux corvettes et une
gallote à bombes Dugay-Trouin choisit pour
lieutenants des marins formés à son école, entre autres MM. de la Jaille, de Goyon, de
Courserac, et partit de La Rochelle avant que
l'Angleterre eût pu s'opposer à la sortie de l'escadre. Aucun accident ne troubla la traversée,
et, le 12 septembre suivant, on arrivait en vue
de Rio de Janeiro.

Ce fut là seulement que l'on put bien se
convaincre des difficultés de l'entreprise. Rio
de Janeiro est située au fond d'une baie, au pied
de trois montagnes, et encore aujourd'hui elle
passe pour une des villes les mieux fortifiées du
Nouveau-Monde. Le roi de Portugal, instruit
par la tentative hardie quoique malheureuse
d'un marin français, appelé Duclerc, avait fait
prendre les précautions nécessaires pour mettre
Rio de Janeiro à l'abri d'une seconde attaque.
Il fallait d'abord entrer dans la baie par un
goulet aussi étroit que celui de Brest. Une fois
la passe franchie, on avait à sa gauche et à sa
droite neuf forts armés de trois cents pièces de
canon. Une batterie placée dans une île appelée l'île aux Chèvres, non loin de la ville, et

au milieu même de la baie, se tenait prête à canonner de face les vaisseaux ennemis, tandis que les forts les cribleraient de boulets par leur travers. Avait-on, par un miracle d'audace et le bonheur, éteint ces triples feux, restait la ville elle-même, défendue par un camp retranché, et douze mille hommes des meilleures troupes portugaises. Et cependant Rio de Janeiro fut prise.

Le 13 septembre au matin, l'escadre entra dans la passe toutes les voiles dehors, guidée par le *matelot* de Dugay-Trouin, le chevalier de Courserac, qui s'avançait impassible sous une pluie de mitraille. Avec un tel chef, pas un de nos vaisseaux ne plia, et le soir les forts et l'île étaient à nous. Cette journée nous avait coûté trois cents hommes tués ou blessés ; mais le plus difficile était fait. Dugay-Trouin résolut, sans plus tarder, d'attaquer la ville par terre et par mer à la fois. La batterie de l'île aux Chèvres fut tournée contre les remparts, et les vaisseaux se tinrent prêts à la soutenir ; puis trois mille cinq cents hommes descendus à terre s'emparèrent rapidement de deux hauteurs situées non loin de la place. En vain les Portugais tentent une sortie : vigoureusement reçus par le chevalier de Goyon , ils se retirent, laissant le terrain couvert de morts et de blessés. Dugay-Trouin fait alors sommer le gouverneur de se rendre, et, sur son refus, il dispose tout pour un nouvel assaut. Profitant d'une nuit sombre , il embarque sur des chaloupes l'élite de ses soldats, et les dirige silencieusement sur les remparts baignés par la mer. Pendant ce temps, une partie de son artillerie , placée sur les deux hauteurs , prendra la ville de flanc , et rendra la résistance moins vive par la multiplicité même de l'attaque. Déjà les chaloupes touchent les remparts quand un orage éclate et permet aux Portugais d'apercevoir nos colonnes d'assaut. Ils courent à leurs batteries , et bientôt une canonnade terrible retentit de part et d'autre , au bruit de la foudre et à la lueur des éclairs. Elle dure toute la nuit, elle va reprendre le lendemain, lorsque quelques Français , restés prisonniers depuis l'expédition du Duclerc , viennent apprendre à Dugay-Trouin que la ville est à sa discrétion. Soldats, milices. habitants, tout s'était enfui.

Rio de Janeiro nous appartient, mais Dugay-Trouin n'est pas au bout de ses fatigues. Il fallait arrêter le pillage , chose malaisée en face de soldats pauvres et victorieux. Malgré toute son autorité, malgré l'exemple de deux ou trois mutins qu'il fit fusiller sans pitié, il ne put y parvenir complétement. Les rues étaient pleines de tonneaux de vin et d'eau-de-vie défoncés et à moitié vides, de meubles brisés, de balles de café et de caisses de sucre effrondrées et foulées aux pieds. Dugay-Trouin fit transporter sur les vaisseaux les marchandises et les objets précieux qu'il put sauver; puis, pressé par le temps, il résolut d'en finir le plus tôt possible avec l'ennemi. Le gouverneur s'était retiré à quelques lieues de la place, et attendait des renforts de l'intérieur du pays. Dugay lui déclara que s'il ne rachetait pas Rio de Janeiro, il le détruirait de fond en comble. Poussé à bout, le gouverneur lui offrit douze cent mille livres; mais la somme ne parut pas suffisante au corsaire, qui, prenant avec lui ses meilleurs soldats, marcha toute la nuit, et arriva le lendemain matin en face des Portugais. Effrayés de tant d'activité et tremblant pour la ville, les principaux négociants ajoutèrent cinquante mille livres aux douze cent mille déjà offertes, et promirent de plus cinq cents caisses de sucre. Dugay accepta, et, le 4 novembre 1711, le dernier paiement étant fait, il reprit la mer. Jusqu'aux Açores la traversée fut bonne, mais là une tempête épouvantable dispersa l'escadre et détruisit deux vaisseaux, dont l'un, monté par chevalier de Courserac, portait six cent mille francs. L'expédition n'en rapporta pas moins 92 pour cent aux armateurs, et la somme totale du butin s'éleva, dit-on, à vingt-cinq millions.

Louis XIV fit l'intrépide marin chef d'escadre. Depuis quelques années déjà il lui avait donné des lettres de noblesse. Dugay-Trouin survécut au roi qu'il aimait et admirait tant. Il mourut en 1736, honoré de Louis XV comme il l'avait été de Louis XIV, et laissant à ses héritiers une renommée sans tache.

PIÈCES JUSTIFICATIVES

SUR LES EXPLOITS DE JEAN-BART.

PAR A. FRESSE-MONTVAL

PREMIERS EXPLOITS DE JEAN-BART.

Dunkerque, qu'illustra à jamais la naissance
de Jean-Bart, raconte encore avec un légitime
orgueil les exploits de ce brave marin. Fils d'un
simple pêcheur, Jean-Bart quitta la profession
de son père, passa en Hollande, s'embarqua
comme mousse sur l'escadre de Ruyter, et s'y
fit remarquer par une activité et une aptitude
sans exemple. Il n'avait guère plus de vingt ans,
lorsqu'en 1671, la guerre éclata entre la France
et la Hollande. Un héros tel que Jean-Bart ne

pouvait servir contre sa patrie ; il se hâta donc d'abandonner les ennemis, sans se laisser éblouir par leurs offres, et il prit du service à bord d'un corsaire dunkerquois, qui dut bientôt à la valeur de notre marin la plus grande partie de ses prises. Les sommes qu'elles valurent à Jean-Bart le mirent à même d'équiper à ses frais, en 1676, une galiote de deux pièces de canon et de trente-six hommes d'équipage. Arrivé devant le Texel, il y trouva une frégate montée par soixante-cinq hommes et défendue par dix-huit canons ; il l'attaque, l'aborde, la capture, et l'amène au port de Dunkerque. Un exploit aussi hardi et exécuté avec tant de bonheur ne fut que le prélude de nouveaux succès. Ils rehaussèrent la gloire qui s'attachait déjà au nom de notre héros, et déterminèrent plusieurs armateurs à lui confier le commandement d'une frégate de dix canons. Jean-Bart s'en servit pour prendre, à la vue de Dunkerque, une frégate hollandaise de douze pièces d'artillerie. Peu après il se rend dans la mer Baltique, où se présenta à ses regards une nombreuse flotte marchande, protégée par deux frégates, l'une de douze et l'autre de dix-huit canons : il les attaqua, met en fuite la première, s'empare de la seconde, et capture ou coule à fond tous les vaisseaux marchands. Cinq frégates sont alors placées sous ses ordres par les mêmes armateurs. Il part avec cette petite escadre en 1676 ; il rencontre huit bâtiments de commerce, qu'escortent trois vaisseaux de guerre, l'un de dix-huit, l'autre de vingt-quatre, et le troisième de vingt-huit canons ; il prend le premier, fait fuir les deux autres, et se rend maître des huit navires marchands. Tant de hauts faits furent encore suivis par de nouveaux triomphes : le mois de mai 1677 vit notre valeureux corsaire attaquer et vaincre seize vaisseaux de commerce que défendait une frégate de vingt-quatre canons ; et, au mois de septembre de la même année, cet intrépide marin enleva plusieurs voiles marchandes et un navire de trente-six pièces d'artillerie. Prompt à récompenser de si grands services, Louis XIV lui envoya une médaille et une chaîne d'or. Bientôt après Jean-Bart, monté sur une frégate de quatorze canons, se rendit maître d'un navire hollandais qui en portait trente-deux et dont l'équipage était bien plus nombreux que le sien. Appelé dans la marine royale et promu au grade de capitaine de frégate, il attaqua et prit en 1678 un corsaire de Salé beaucoup plus fort que son vaisseau. Ainsi commença-t-il à répandre sur la marine de l'Etat la gloire qui ne cessa de l'environner dans aucune de ses entreprises.

JEAN-BART PRIS ET DÉLIVRÉ.

Depuis 1678 qu'il appartenait à la marine royale, Jean-Bart s'était de nouveau signalé. En 1683, il avait rencontré un vaisseau espagnol et s'en était rendu maître, malgré les trois cent cinquante soldats qui le défendaient. La même année, il avait attaqué, à la hauteur de Cadix, deux voiles espagnoles; et, quoique blessé à la cuisse, il était parvenu à s'en emparer. Toutefois, la fortune, qui jusqu'alors l'avait traité avec tant de faveur, l'abandonna tout d'un coup; mais en le privant du succès, elle ne put lui dérober l'honneur d'une défaite glorieuse.

En 1689, le chevalier de Forbin et lui, chacun avec une frégate, escortaient vingt bâtiments marchands, lorsqu'au milieu de la Manche, ils rencontrèrent deux vaisseaux de guerre anglais, portant chacun cinquante canons. Vainement Forbin conseille-t-il de céder à des forces si supérieures : Jean-Bart s'indigne d'une telle pensée, il arme trois des navires marchands qui l'accompagnent, et leur ordonne d'assaillir un des vaisseaux ennemis, tandis que Forbin et lui tiendront tête à l'autre. A peine a-t-il fait ses préparatifs, que les Anglais arrivent et que le combat commence. Jean-Bart veut tenter l'abordage, mais le vent cesse, son mât s'embarrasse dans les haubans de l'ennemi. Secouru par le chevalier de Forbin, il se dégage, et, secondé par ce marin, il livre au navire anglais une si terrible attaque, qu'il est au moment de s'en emparer. Mais, abandonné par les trois vaisseaux marchands, le second bâtiment ennemi arrive sur les deux français, et le combat recommence avec un acharnement sans exemple. Jean-Bart et Forbin, pour donner à la flotte marchande le temps de regagner un de nos ports, déploient une constance et une valeur au-dessus de tout éloge, jusqu'à ce que se voyant couverts de blessures, n'ayant plus autour d'eux que la moindre partie de leurs équipages, et ne montant plus que des vaisseaux rasés, nos deux intrépides marins sont réduits à se rendre, mais après avoir fait essuyer aux Anglais une perte immense en officiers, en soldats et en matelots. Bientôt on

les conduit à Plymouth ; Forbin est dépouillé
de ses habits ; Jean-Bart, qui sait l'anglais,
conserve les siens ; le gouverneur les fait sou-
per avec lui, et conduire ensuite dans une chambre d'auberge, dont les fenêtres sont grillées et
la porte gardée avec soin.

Quelque désir qu'eussent nos deux braves
marins de recouvrer leur liberté, ils auraient
vainement essayé d'y réussir sans un matelot
ostendais, qui, parent de Jean-Bart et conduis-
ant un petit navire de sa nation, fut contraint
par une tempête de relâcher à Plymouth.

Ce matelot, instruit de la captivité de son parent, alla le voir, et se laissa gagner par l'appât
d'une assez grosse somme que nos deux marins
lui promirent pour qu'il les aidât à s'évader. Un
médecin français qui les soignaient, et deux
mousses qui étaient à leur service, entrèrent
dans leur projet d'évasion. Le matelot leur
apporta une lime pour débarrasser leur fenêtre
de ses barreaux ; les deux mousses ayant rencontré un matelot ivre, le portèrent dans un
canot qui ne lui appartenait pas, après l'avoir
ôté du sien, où il s'était endormi, et qu'ils ca-
chèrent pour qu'il servît à Forbin et à Jean-Bart.
Ces deux valeureux marins, à l'aide de la lime

et de leurs draps, s'ouvrirent aisément une route à travers leur fenêtre ; d'après les renseignements des mousses, ils arrivèrent sans peine au canot, ils s'y embarquèrent, ils y trouvèrent les vivres qu'y avait apporté le matelot d'Ostende, prévenu par le chirurgien ; ils traversèrent hardiment le port ; et, quand plusieurs navires leur crièrent : « Où va le canot ? » Jean-Bart répondait en anglais « Pêcheur ! » et poursuivait son chemin sans se déconcerter. Tant d'adresse et de présence d'esprit, favorisées encore par un épais brouillard, assurèrent l'évasion de nos deux prisonniers, qui après avoir employé deux jours et demi à traverser la Manche, arrivèrent à Saint-Malo, où l'argent qui leur était nécessaire leur fut offert par plusieurs commerçants.

Peu de temps après, Jean-Bart et Forbin furent élevés au grade de capitaines de vaisseau et reçurent une gratification de quatre cents écus.

HÉROÏQUE FERMETÉ DE JEAN-BART.

Jean-Bart se trouvait à Berghen en Norwège, où il avait relâché pour approvisionner ses navires, lorsqu'il fut accosté dans un lieu public par un capitaine de vaisseau anglais, qui, après s'être quelque temps entretenu avec notre héros lui déclara qu'il avait l'intention de le combattre. Jean-Bart lui répondit qu'un tel dessein ne serait ni bien long ni bien difficile à exécuter, et promit à son interlocuteur de le prévenir quand serait arrivé le moment de son départ.

Peu de temps après, notre marin, ayant achevé tous ses préparatifs, annonce au capitaine anglais qu'il appareillera le lendemain. Celui-ci l'invite à déjeûner pour ce jour-là; Jean-Bart refuse d'abord : « *Quand deux ennemis comme nous se rencontrent,* lui répondit-il, *les seuls repas qu'ils aient à s'offrir sont des coups de sabre ou de canon.* » Cependant l'Anglais insiste, et Jean-Bart finit par accepter. Le lendemain étant venu, l'intrépide Dunkerquois se rend sur le bord de son ennemi, il fume une pipe, il y boit un verre d'eau-de-vie ; puis, s'adressant à l'Anglais : « *Partons,* lui dit-il — *Vous êtes mon prisonnier,* lui répliqua alors son hôte, *j'ai promis de vous conduire en Angleterre.* » Jean-Bart ne lui répond d'abord que par un regard foudroyant; il allume sa mèche, renverse tout ce qui l'entoure, s'écrie : *A moi!* s'élance sur le tillac, s'approche d'un baril de poudre, et là : *Non*, dit-il à son lâche adversaire, *non je ne serai pas ton prisonnier, et le vaisseau va sauter.* Son geste, son accent font frémir les Anglais et les rendent immobiles; les Français, qui ont entendu leur capitaine, arrivent en ce moment, taillent en pièces une partie de l'équipage ennemi, s'emparent du vaisseau et l'emmènent à Brest, avec **celui qui le commandait.**

JEAN-BART A VERSAILLES.

Jean-Bart, que l'intendant de Dunkerque avait inculpé près de M. de Pontchartrain, ministre de la marine, se rendit à Versailles pour se justifier. Louis XIV, qui n'était indifférent pour aucun des grands hommes de son siècle, voulut que ce brave marin lui fût présenté. Celui-ci, s'étant rendu à la cour avant que le monarque fût visible, s'arrêta dans l'antichambre, battit son briquet, alluma sa pipe et se mit à fumer. Vainement les gardes-du-corps veulent qu'il cesse ou se retire : — *C'est au service du roi que j'ai contracté cette habitude, elle est devenue un besoin pour moi, et Sa Majesté est trop juste pour trouver mauvais que j'y satisfasse ;* telle est la réponse de notre héros, et il continue de fumer. Comme il est inconnu à la cour, on va prévenir Louis XIV. — *Je parie que c'est Jean-Bart,* dit ce prince : *qu'on le laisse fumer.* Quand ce monarque le vit entrer : — *Jean-Bart,* lui dit-il, *il n'est permis qu'à vous de fumer chez moi.* Un tel accueil, un tel nom fixèrent l'attention des courtisans, qui, s'étant ensuite rassemblés autour du valeureux marin, lui demandèrent comment il s'y était pris pour traverser la flotte anglaise qui bloquait le port de Dunkerque. — *Le voici,* leur répond-il ; et, les ayant placés sur une seule ligne, il fond sur eux rapidement, les écarte à coups de poing et de coude et passa fièrement au milieu d'eux.

Instruit de cette petite scène, Louis XIV fait revenir Jean-Bart et lui adresse la même question. Le marin y satisfait d'un ton et avec des termes beaucoup plus en rapport avec sa profession qu'avec le séjour où il se trouvait. Loin d'en paraître offensé, le monarque ne dit que ces paroles : — *Il me parle un peu grossièrement, mais il en agit bien noblement pour mon service.* Puis jetant un regard sur ceux qui l'environnaient : — *En est-il un seul parmi* *vous,* ajouta-t-il, *qui soit capable de faire ce* *qu'il a fait?*

Peu après, Jean-Bart reçut du Roi une rescription de trois mille francs à prendre chez Pierre Gruin, rue du Grand-Chantier, à Paris. Parvenu à la maison de ce payeur : — *N'est-ce* *pas ici que demeure Pierre Gruin?* demandat-il au portier. — *C'est ici*, lui est-il répondu, *que demeure M. Gruin.* A ces mots, Jean-Bart monte rapidement l'escalier, ouvre la première porte qu'il rencontre, dans une salle à manger, et s'adressant à ceux qu'il y trouve à table : — *Lequel de vous*, demande-t-il, *se nomme Pierre* *Gruin?* — *C'est moi qui suis M. Gruin.* — *Lisez ce papier*, répliqua Jean-Bart. Le payeur prend la rescription, il y jette un coup d'œil, et sans daigner se retourner, élevant au-dessus de son épaule le papier qu'il laisse tomber à terre : — *Vous reviendrez dans deux jours*, répondil négligemment. Mais Jean-Bart — *Ramasse et* *paie tout de suite*, s'écrie-t-il en tirant son sabre. Cet ordre, le geste dont il fut accompagné, et le nom de notre héros prononcé par un des convives, décidèrent M. Gruin à acquitter sur-le-champ la rescription. Il passa donc dans son cabinet; et, sur la demande expresse du brave Dunkerquois, il lui solda en or la somme qu'il s'était disposé à lui payer en argent.

SUITE DES EXPLOITS DE JEAN-BART.

De retour à Dunkerque, Jean-Bart y apprit le désastreux résultat de la bataille de la Hogue, et le blocus établi par les Anglais devant le port de Dunkerque. Indigné de rester oisif, il passe encore entre les navires ennemis, sans avoir perdu un seul des bâtiments de son escadre, qui se composait de sept frégates et d'un brûlot. Dès le lendemain, il enlève quatre vaisseaux anglais; peu de jours après, il fait éprouver le même sort à une partie d'une flotte anglaise composée de quatre-vingt-six bâtiments. Ensuite il va en Angleterre, descend du côté de Newcastle, brûle cinq cents maisons, et revient à Dunkerque avec des prises estimées cent mille écus. Il repart bientôt après, rencontre dix-huit vaisseaux marchands. Cinq vaisseaux anglais, dont l'un était monté par le prince d'Orange, se trouvèrent également sur la route de Jean-Bart, et ne lui auraient pas échappé, si le prince ne lui eût caché sa présence etn'eût pris soin d'ôter son pavillon.

CONTINUATION DES EXPLOITS DE JEAN-BART.

Plus de cent bâtiments, chargés de blé pour
la France, n'attendaient que la fonte des glaces
pour quitter les ports du septentrion et se rendre dans les nôtres Ce moment arrivé, ils met-
tent à la voile et se dirigent vers leur destination, sous l'escorte de trois navires suédois et
danois. Mais le pavillon neutre de ces derniers
bâtiments ne put garantir ceux qu'ils con-
voyaient, et qui furent rencontrés et pris par
huit vaisseaux hollandais.

Cependant Jean-Bart ignorant ce malheur,
s'était mis en mer avec six navires, pour aller
chercher et amener en France les cent voiles
qui venaient d'être capturées. Bientôt il les
aperçoit sous la conduite des ennemis ; et malgré son infériorité numérique, il se décide à
attaquer ces derniers. S'adressant donc à ses
officiers : « *Il faut avancer et combattre,* leur
dit-il, *l'intérêt de la France l'ordonne.* » Arrivé à
portée de l'artillerie hollandaise : « *Camarades,*
dit-il encore à ses marins, *point de canons,
point de fusils, seulement des coups de pistole
et de sabre. Je vais attaquer le contre-amiral,*

et je vous en rendrai bon compte. » Il dit, et ses actions répondent aussitôt à ses paroles ; il saute le premier dans le vaisseau du contre-amiral, tue cet officier et se rend maître de son navire. Deux des autres bâtiments ennemis sont également capturés, les cinq qui restaient prennent la fuite, et nos cent voiles marchandes, recouvrées par Jean-Bart, sont conduites par lui en France, où elles parviennent sans accident.

La disette, qui régnait alors dans notre patrie, fit vivement apprécier la grandeur du service que venait de lui rendre notre intrépide marin. Une médaille fut frappée pour en immortaliser la mémoire, et Louis XIV crut ne pouvoir témoigner sa satisfaction à notre héros, qu'en lui accordant des lettres de noblesse.

DERNIÈRES ANNÉES DE JEAN-BART.

Les années 1696 et 1697 furent encore illustrées par deux entreprises de Jean-Bart. Le 1e mai 1696, il part de Dunkerque malgré vingt-deux vaisseaux anglais qui bloquaient ce port ; il est joint par quelques courageux armateurs dunkerquois ; il rencontre une flotte marchande de bâtiments hollandais, qu'escortaient cinq vaisseaux de guerre ; il attaque et prend ces derniers, tandis que les armateurs qui l'accompagnent, enlève quarante-cinq navires marchands. Peu après, poursuivi par douze vaisseaux de guerre hollandais, et contraint de brûler ses prises, il réussit néanmoins à ramener à Dunkerque un des vaisseaux de guerre et quinze des bâtiments marchands qu'il avait capturés.

L'année suivante, il fut nommé chef d'escadre, et partit avec sept vaisseaux de guerre pour conduire en Pologne le prince de Conti, qui prétendait à cette couronne. Après avoir passé devant Ostende, il rencontre dix-neuf vaisseaux ennemis qui s'étaient placés là pour l'attaquer, mais auxquels il échappa à la faveur de la nuit; au point du jour, il en rencontra deux, et puis neuf autres entre la Meuse et la Tamise. Aucun d'eux n'ayant osé l'attaquer, Jean-Bart continua fièrement sa route. Le prince de Conti, qui s'était aperçu de ce péril, s'adressant à notre marin quand il n'y eut plus rien à craindre :

— *Si les ennemis*, lui dit-il, *nous avaient attaqués, ils auraient pu nous prendre.* — *Cela était impossible*, répondit Jean-Bart. — *Comment auriez-vous fait?* demanda le prince. — *Plutôt que de me rendre, j'aurais fait mettre le*

eu au vaisseau : nous aurions sauté en l'air, et
ls ne nous auraient pas pris : mon fils avait
rdre de se tenir à la Sainte-Barbe, tout prêt à
y mettre le feu au premier signal. — *Le remède
est pire que le mal,* lui répliqua vivement le
prince de Conti, *je vous défend d'en faire usage*
tant que je serai sur votre vaisseau...

FIN.

TABLE.

TABLE.

FIN DE LA TABLE.

Limoges. — Imp. E. ARDANT et Cⁱᵉ.

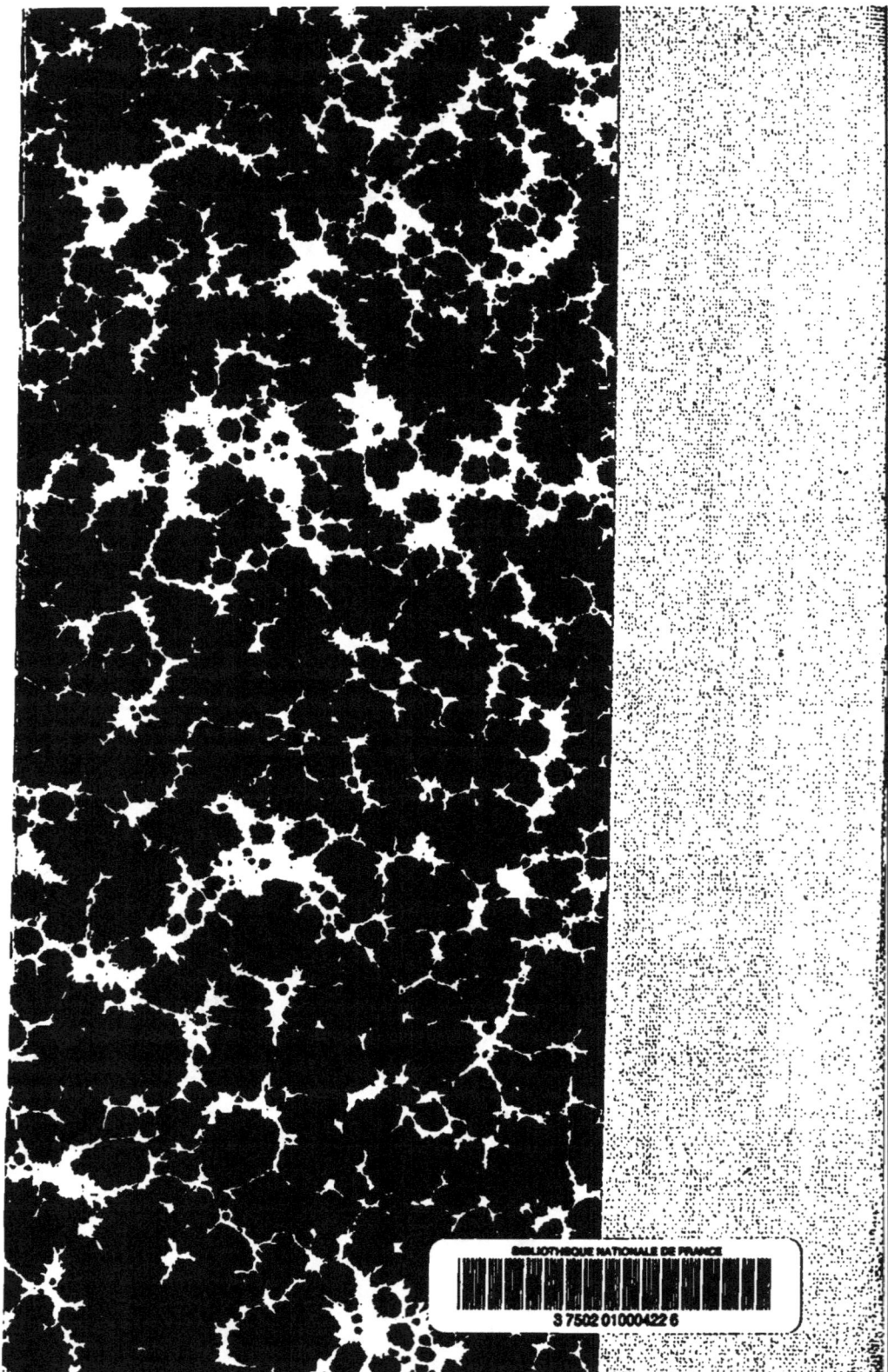

www.ingramcontent.com/pod-product-compliance
Lightning Source LLC
Chambersburg PA
CBHW072111090426

42739CB00012B/2927